Pflanzenaquarien gestalten

CHRISTEL KASSELMANN

KOSMOS

INHALT

Vorwort ▸6

Lebende Pflanzen sind wertvoll ▸7
- 8 ▸ Weit mehr als Dekoration
- 9 ▸ Biologische Funktionen

Wichtige Wachstumsfaktoren ▸10
- 11 ▸ Licht und Beleuchtungsdauer
- 18 ▸ Bodengrund und Nährstoffe
- 24 ▸ Wasser als Lebensraum

Tipps zur richtigen Auswahl ▸33
- 34 ▸ Geeignete Pflanzen
- 36 ▸ „Echte" Wasserpflanzen
- 38 ▸ Sumpfpflanzen
- 41 ▸ Schwierige Auswahl

Pflanzenaquarien einrichten ▸43
- 44 ▸ Anfang steht die Planung
- 44 ▸ Einen Bepflanzungsplan erstellen
- 46 ▸ Seiten- und Rückwände bepflanzen
- 50 ▸ „Lebende Steine" und bepflanzte Wurzeln
- 52 ▸ Pflanzenstraßen – eine hohe Kunst
- 55 ▸ Solitärpflanzen als Blickfang
- 58 ▸ Empfehlenswerte Vordergrundpflanzen
- 61 ▸ Pflanzen für Mittel- und Hintergrund
- 64 ▸ Grundregeln für die Planung
- 66 ▸ Dekorative Aquarien mit Bepflanzungsplänen
- 76 ▸ Vorbereitungen vor der Einrichtung
- 76 ▸ Zuerst das Wasser, dann bepflanzen
- 78 ▸ Aquarienpflanzen kaufen
- 81 ▸ Schritt für Schritt gestalten
- 83 ▸ Dekorationsmaterial bepflanzen
- 87 ▸ Pflanzenstraßen gestalten
- 88 ▸ Solitärpflanzen einsetzen
- 90 ▸ Großwüchsige Pflanzen platzieren
- 91 ▸ Vordergrundpflanzen einsetzen
- 92 ▸ Mittel- und Hintergrund gestalten
- 97 ▸ Grundregeln für die Bepflanzung

Pflanzenaquarien pflegen ▸98

- 99 ▸ Vordergrundpflanzen pflegen
- 101 ▸ Übrige Pflanzen pflegen
- 102 ▸ Richtig düngen
- 105 ▸ Wasserwechsel
- 105 ▸ Reinigen der Frontscheibe
- 105 ▸ Reinigen des Filters
- 106 ▸ Überprüfen der technischen Anlagen
- 106 ▸ Tipps für den Urlaub

Probleme mit Algen ▸108

- 108 ▸ Allgemeine Ursachen
- 111 ▸ Vorbeugende Maßnahmen
- 112 ▸ Algenbekämpfung durch Fische
- 114 ▸ Biologische Algenbekämpfung
- 116 ▸ Grünalgen
- 117 ▸ Kieselalgen
- 118 ▸ Rotalgen
- 119 ▸ Blaualgen

Spezielle Pflanzenaquarien ▸124

- 124 ▸ Das Holländische Pflanzenaquarium
- 126 ▸ Japanische Naturaquarien

Fische im Pflanzenaquarium ▸128

- 130 ▸ Fraßschäden durch Fische
- 133 ▸ Hartblättrige und lederartige Pflanzen

Aquarienpflanzen im Überblick ▸134

- 134 ▸ Auswahlhilfe
- 137 ▸ Auswahlkriterien
- 138 ▸ Pflanzentabelle

Service ▸148

- 148 ▸ Glossar
- 148 ▸ Zum Weiterlesen
- 149 ▸ Register
- 155 ▸ Impressum

Vorwort

Dekorativ bepflanzte Aquarien üben einen faszinierenden Reiz aus. Sie bieten ein Stück Natur im Heim und wirken ausgleichend und beruhigend. Farben- und Formenreichtum der im Fachhandel angebotenen Aquarienpflanzen ermöglichen die Gestaltung einer abwechslungsreichen Unterwasserlandschaft. Doch der Weg zu einem wirkungsvoll dekorierten Aquarium ist nicht leicht, denn nicht nur die vielfältigen Lebensansprüche der Pflanzen müssen berücksichtigt werden, auch ihre sachkundige Pflege und erfolgreiche Vermehrung sind erforderlich. In einem lebendig gestalteten Aquarium fühlen sich die Fische besonders wohl und zeigen ihre ganze Farbenpracht, finden Versteckmöglichkeiten und vermehren sich.

In diesem Buch werden nachvollziehbare Wege aus einer 25-jährigen Praxis vermittelt, die zu einem prächtigen Pflanzenaquarium führen sollen. Im Mittelpunkt stehen Planung, Vorbereitung und die schrittweise Gestaltung von Aquarien mit Pflanzen. Häufig auftretende Probleme werden angesprochen und Lösungen aufgezeigt.

In diesem Sinne möchte ich einerseits solche Aquarianer ansprechen, die noch nicht viel über Wasser- und Sumpfgewächse wissen, andererseits wünsche ich mir, dass auch langjährige Aquarianer im Text nützliche Hinweise finden, die zur Gestaltung eines prächtigen Unterwassergartens beitragen. Dieses Buch soll aber nicht nur ein Ratgeber für die Einrichtung von Aquarien sein, sondern zugleich auch in vielen Fragen der Pflanzenkunde helfen, Fehler zu vermeiden und Freude im Umgang mit Aquarienpflanzen zu wecken. Deshalb wird insbesondere der richtigen Auswahl von Aquarienpflanzen und ihrer Pflege sowie dem komplexen Thema Algen besondere Aufmerksamkeit gewidmet.

Mein besonderer Dank gilt Harry W. E. van Bruggen und Dr. Romeo Herr für die kritische Durchsicht des Manuskriptes. Ferner danke ich meinen niederländischen Aquarienfreunden Magda und Anton Albers.

Christel Kasselmann

Lebende Pflanzen sind wertvoll

Lebende Pflanzen sind wertvoll

| 8 ▶ Weit mehr als Dekoration | 9 ▶ Biologische Funktionen |

Plastikpflanzen oder lebende Aquarienpflanzen? Vielleicht haben Sie schon einmal ernsthaft überlegt, ob es auf Dauer nicht billiger und einfacher ist, aus der bunten Vielfalt der Angebote im Zoofach-

Teichlebermoos (*Riccia fluitans*) und Algenbälle (*Cladophora aegagropila*) produzieren nur bei intensiver Beleuchtung viel Sauerstoff.

handel Pflanzenimitationen auszuwählen, anstatt immer wieder Aquarienpflanzen nachzukaufen. In der Tat haben Plastikpflanzen in mancherlei Hinsicht Vorteile: sie verändern ihr Aussehen nicht, sind pflegeleicht, und nicht zuletzt lassen sie sich schnell mit einer Bürste von Algen befreien. Warum ist es dennoch sinnvoll, lebende Pflanzen zu kaufen?

▶ Weit mehr als Dekoration

Aquarienpflanzen dienen keineswegs nur der Dekoration, sondern haben vielfältige biologische Aufgaben zu erfüllen. Vitale Pflanzen produzieren tagsüber infolge einer intensiven Photosynthese Sauerstoff, der von allen Lebewesen im Aquarium benötigt wird. Deshalb sind möglichst hohe Sauerstoffkonzentrationen im Aquarium erforderlich. Den Sauerstoffproduzenten stehen die Sauerstoffzehrer gegenüber, zu denen nicht nur die Pflanzen während der Dunkelphase, sondern auch die Fische sowie alle Mikroorganismen gehören.

Gesunde Pflanzen weisen zudem eine aktive Wurzelbildung auf: sie geben den Sauerstoff nicht nur an das Wasser ab, sondern transportieren ihn auch in den Boden, entgiften ihn durch Oxidation und nehmen die Nährstoffe auf. Mit dieser aktiven Wurzelarbeit ist zugleich eine Vergrößerung des Porenvolumens des Bodens verbunden, sodass sich ein aerobes Milieu bildet.

Viele wissenschaftliche Experimente haben gezeigt, dass die Sauerstoffabgabe von Sumpfpflanzen in den Boden einer der Schlüsselmechanismen für den Erfolg bei der Gewässerreinigung ist (Wissing 1995). Es wurde nachgewiesen, dass in wurzelnahen Bereichen die Bakteriendichte deutlich erhöht ist. Bakterienpopulationen sind aber wichtig, weil sie in der Lage sind, organische Verbindungen anzugreifen, zu mineralisieren oder zu humifizieren. Neben der Eigenschaft, hohe organische Belastungen vertragen zu können, gelten manche Sumpfpflanzen als regelrechte Nährstofffresser mit extrem hohen Abbauleistungen, so zum Beispiel Schilfrohr (*Phragmites australis*) und die Teichbinse (*Schoenoplectus lacustris*).

▶ **Biologische Funktionen**

In einem unbepflanzten Aquarium sind die für den erwünschten Abbau der Stoffwechselprodukte notwendigen Bakteriengesellschaften in nur geringer Dichte vorhanden. Deshalb bilden gut wachsende Pflanzen die wichtigste Voraussetzung für Mineralisation, Nitrifikation und Denitrifikation. Pflanzen haben somit einen entscheidenden Einfluss auf alle Vorgänge, die für Reinigungsprozesse wichtig sind, und sorgen auf diese Weise für eine bessere Wasserqualität.

Wasserpflanzen haben Auswirkungen auf die im Aquarium auftretenden Bakteriengesellschaften, zu denen auch schädliche Keime gehören. Viele wissenschaftliche Experimente haben nachgewiesen, dass Sumpfpflanzen eine antibiotische Wirkung auf krankheitserregende Bakterien besitzen. Diese Erkenntnis lässt den Schluss zu, dass ein gutes Pflanzenwachstum im Aquarium einen direkten Einfluss auf die Gesundheit der Fische hat, weshalb Fischkrankheiten in dicht bepflanzten Aquarien seltener auftreten als in unbepflanzten Behältern, in denen oft mit technischen oder chemischen Hilfsmitteln eine Keimabtötung erfolgen muss.

Nicht zuletzt sind Pflanzen für viele Fische auch Nahrungsquelle. Ferner bietet ein dichter Pflanzenbestand im Aquarium vielfältige Ablaich- und Versteckmöglichkeiten, die für das Wohlbefinden unserer Pfleglinge erforderlich sind.

Aquarienpflanzen dienen somit nicht nur der Dekoration, sondern sie leisten zum gesunden Gedeihen aller Lebewesen im Aquarium einen äußerst wichtigen Beitrag.

Die eingangs gestellte Frage, ob Plastikpflanzen oder lebende Pflanzen im Aquarium verwendet werden, ist somit für einen ernsthaften Aquarianer leicht zu entscheiden, weil er um die biologischen Funktionen lebender Gewächse weiß.

Diese unzähligen Sauerstoffblasen beim Teichlebermoos (*Riccia fluitans*) sind Zeichen eines gesunden Milieus.

Wichtige Wachstumsfaktoren

11 ▸ Licht und Beleuchtungsdauer

18 ▸ Bodengrund und
Nährstoffe

24 ▸ Wasser als Lebensraum

Bei intensiver Beleuchtung lässt sich das Trugkölbchen (*Heteranthera zosterifolia*) auch als Vordergrundpflanze verwenden. Empfehlenswert sind Fettblatt (*Bacopa caroliniana*, Mitte) und das lichtbedürftige Perlenkraut (*Micranthemum umbrosum*, rechts).

In diesem Kapitel werden die ökologischen Faktoren behandelt, die für ein gutes Pflanzenwachstum von besonderer Bedeutung sind. Die Photosyntheseleistung der Pflanzen ist insbesondere licht- und temperaturabhängig und wird ferner wesentlich durch das Nährstoffangebot des Bodengrundes und des Wassers sowie eine ausreichende Kohlendioxidkonzentration (CO_2) beeinflusst.

Die im Folgenden behandelten Wachstumsfaktoren Licht, Bodengrund und Wasser dürfen niemals einzeln, sondern nur im Zusammenspiel betrachtet werden. So sind beispielsweise eine gute Lichtqualität und -intensität wertlos, wenn das CO_2-Angebot nicht ausreicht. Umgekehrt kann ein hohes CO_2-Angebot nur bei hoher Lichtintensität und günstiger Temperatur voll ausgenutzt werden. Ferner muss beachtet werden, dass bei einer hohen Wassertemperatur der gesamte Stoffwechsel der Aquarienpflanzen schneller verläuft als bei niedrigen Temperaturen und die Pflanzen infolgedessen auch eine höhere Lichtintensität sowie eine stärkere Düngung benötigen.

Im Ökosystem Aquarium können Pflanzen nur dann üppig gedeihen, wenn keiner der wichtigen Wachstumsparameter zum begrenzenden Faktor wird.

▶ Licht und Beleuchtungsdauer

Das Pflanzenwachstum im Aquarium ist in entscheidendem Maße abhängig von der Lichtintensität, der Qualität des Lichtes und der Dauer der täglichen Beleuchtung. Wie sind die Lichtverhältnisse an den natürlichen Standorten der Aquarienpflanzen, und wie sollten sie im Aquarium beschaffen sein? Diese Fragen sollen im folgenden ausführlich erörtert werden.

LICHTINTENSITÄT ▶ An den natürlichen Gewässern werden die Lichtstrahlen an der Wasseroberfläche je nach dem Stand der Sonne unterschiedlich reflektiert, sodass das Licht nicht vollständig in das Wasser eindringen kann. Zusätzlich zu diesen Lichtverlusten durch Reflexionen an der Wasseroberfläche kommt es zu selektiven Lichtabsorptionen, je tiefer die Strahlung in das Wasser eindringt. Grundsätzlich gesehen müssen im Wasser lebende Pflanzen also mit weniger Licht auskommen als Landpflanzen. Allerdings leben nach meinen Beobachtungen etwa 85 % der Aquarienpflanzen als Sumpfpflanzen im Wechsel von Trocken- und Regenzeiten den größten Teil des Jahres über Wasser, fluten an der Wasseroberfläche oder sind nur in flachem Wasser bis etwa 30 cm Tiefe zu finden. Deshalb haben Reflexionen an der Wasseroberfläche sowie die Lichtabsorption im Wasser nur für die wenigen Wasserpflanzen eine weitreichende Bedeutung, die über längere Zeit oder dauerhaft in Tiefen von über 30 cm wachsen. Zu diesen gehören die kultivierten *Crinum*-, *Vallisneria*- und *Potamogeton*-Arten sowie einige Arten aus der Gattung *Aponogeton*.

Meine vielfältigen Untersuchungen an tropischen Standorten haben ergeben, dass etwa 75 % der kultivierten Wasser- und Sumpfpflanzen vollsonnige oder schattig-sonnige Plätze besiedeln. Nur wenige Arten, zum Beispiel aus den Gattungen *Anubias*, *Crinum* und *Cryptocoryne*, wachsen an stark beschatteten oder beschatteten Stellen.

Aus den geschilderten Freilandbeobachtungen lässt sich schließen, dass die weitaus größte Zahl der kultivierten Aquarienpflanzen zu den lichtliebenden Gewächsen zu zählen ist, die für ein zufriedenstellendes Gedeihen im Aquarium eine hohe Lichtintensität benötigen.

Das Holländische Aquarium von Familie Albers zeigt eine dichte Bestückung mit Leuchtstofflampen.

Hellgrüne Sprossspitzen bei rotblättrigen Ludwigien (oben) und Haarnixen (links) sind Ausdruck von zu wenig Licht.

Hygrophila corymbosa, H. polysperma, Echinodorus schlueteri und *Rotala rotundifolia* wachsen auch bei mittlerer Beleuchtungsstärke.

Lichtbedürftig ist das Mato-Grosso-Tausendblatt, *Myriophyllum mattogrossense*.

Durch viele botanische Untersuchungen ist bekannt, dass sich Sonnen- und Schattenpflanzen dadurch unterscheiden, dass sie unterschiedlich befähigt sind, hohe bzw. niedrige Lichtintensitäten auszunutzen. Sonnenpflanzen benötigen für eine hohe Photosyntheserate eine intensive Strahlung. Sie können an stark beschatteten Standorten nicht gedeihen, weil ihr Sauerstoffverbrauch durch die Atmung größer ist als die CO_2-Aufnahme durch die Assimilation; eine Sonnenpflanze würde deshalb an einem schattigen Standort nicht wachsen können und bald absterben.

Allerdings lässt sich die Photosyntheseproduktion der Sonnenpflanzen auch nicht beliebig durch eine Steigerung der Lichtintensität erhöhen, sondern sie fällt nach einem Bereich der Lichtsättigung wieder ab. Im Unterschied zu den Sonnenpflanzen erreichen die Schattenpflanzen schon bei sehr geringer Lichtintensität ihre höchste Assimilationsrate und werden durch zu starkes Licht geschädigt.

Welche grundsätzlichen Folgerungen sind aus den Untersuchungen an natürlichen Habitaten sowie aus jahrelangen Kulturerfahrungen für die Aquarienpraxis zu ziehen?

Die meisten Aquarienpflanzen wachsen bei intensiver Beleuchtungsstärke besser als bei weniger Licht. Bisherige Messungen an tropischen Standorten

sowie im Aquarium wiesen nach, dass mit Leuchtstoff- oder Hochdrucklampen die Beleuchtungsstärken in Aquarien gewöhnlich erheblich unter denen der natürlichen Standorte liegen. Deshalb ist eine Schädigung der lichthungrigen Pflanzen im Aquarium auch bei intensivem Licht in der Regel nicht zu erwarten. Dagegen müssen Schattenpflanzen im Aquarium einen besonderen Platz, zum Beispiel in den Randbereichen des Beckens, erhalten, wo sie nicht durch zu viel Licht geschädigt werden können.

LICHTQUALITÄT ▶ Für ein zügiges Pflanzenwachstum ist aber nicht nur die Lichtintensität entscheidend, sondern auch die Lichtqualität. Pflanzen benötigen für ihre Photosynthese zwar das gesamte Lichtspektrum, verwerten aber bevorzugt den roten (um 700 nm) und in geringerem Maße den blauen (um 450 nm) Spektralbereich. Demgegenüber liegt die maximale Empfindlichkeit des menschlichen Auges im grüngelben Bereich bei 555 nm. Erscheint dem menschlichen Auge die Aquarienbeleuchtung als hell und offensichtlich ausreichend für das Pflanzenwachstum, ist es möglich, dass dieses als hell empfundene Licht von den Pflanzen nur wenig für ihre Photosynthese genutzt werden kann und sie deshalb nicht gedeihen. Für das Wachstum der Aquarienpflanzen ist deshalb nicht allein die Lichtausbeute (Wirkungsgrad) der

Besonders lichtliebend und anspruchsvoll ist *Lagarosiphon cordofanus*.

Rotala sp. 'Nanjenshan' ist eine lichtbedürftige, neue Aquarienpflanze.

verwendeten Leuchtmittel maßgebend, sondern insbesondere ihr Spektrum.

Der Aquarianer muss zunächst einmal entscheiden, ob er Leuchtstofflampen (L-Lampen) oder Hochdrucklampen für die Beleuchtung seines Aquariums verwenden möchte. Die Vorteile von Leuchtstofflampen sind insbesondere hohe Lichtausbeute (größerer Wirkungsgrad als bei Hochdrucklampen), hervorragende Farbwiedergabe, gleichmäßige Ausleuchtung, preiswerte Anschaffung und ein geringer Energieverbrauch. Zudem ist die Auswahl an Lichtfarben größer als bei Hochdrucklampen. Ferner wurde ihre Lebensdauer bei gleich bleibend guten Farbwiedergabeeigenschaften auf über 10 000 Brennstunden erheblich erhöht, sodass L-Lampen nicht mehr – wie früher empfohlen wurde – schon nach sechs Monaten ausgetauscht werden müssen.

Für Aquarianer, die Hochdrucklampen verwenden möchten, sind meistens zwei Aspekte entscheidend: Einerseits ermöglicht das oben offene Aquarium ungewöhnsliche Licht- und Schattenspiele, andererseits lassen sich auch Aquarien ab 60 cm Höhe aufgrund der hohen Leuchtdichte dieser Lampentypen noch ausreichend beleuchten. Nachteile von Hochdrucklampen sind insbesondere ihre höheren Anschaffungskosten, eine vergleichsweise geringere Lichtausbeute als die von Leuchtstofflampen, die begrenzte Auswahl an Lichtfarben und eine schlechte Kombinationsmöglichkeit mit anderen Lampentypen bzw. Lichtfarben.

Sollen Hochdrucklampen verwendet werden, sollten eher Halogen-Metalldampflampen (HQI) als Quecksilberdampf-Hochdrucklampen (HQL) eingesetzt werden, denn Lichtausbeute und Farbwiedergabe der HQI-Lampen sind wesentlich besser als die der HQL-Lampen. Aber auch bei den Halogen-Metalldampflampen ist die Auswahl an Lichtfarben bisher sehr begrenzt, und der für die Photosynthese der Pflanzen notwendige Spektralbereich wird zu wenig berücksichtigt. Das Spektrum von Hochdrucklampen besitzt eine zu starke Ausprägung im gelbgrünen Bereich; dadurch wird die Rotfärbung der Pflanzen zu wenig gefördert, und sie kommt zudem durch das Helligkeitsempfinden des menschlichen Auges nicht ausreichend zur Wirkung.

Wenn Halogen-Metalldampflampen eingesetzt werden sollen, sind in erster Linie die Warmtonlampen Osram WDL, Philips HPI, Radium WDL und Sylvania WDL sowie die neutralweißen Brenner Osram NDL und Philips MHN zu empfehlen.

Da die besten Erfahrungen mit gutem Pflanzenwuchs zweifellos unter Leuchtstofflampenlicht erzielt werden und auch die Mehrzahl von Aquarianern dieses Licht bevorzugt, soll dieses Thema besonders ausführlich behandelt werden.

Bei der Entwicklung von Leuchtstofflampen gibt es kontinuierliche Fortschritte. So ist in den letzten Jahren nicht nur die Auswahl an Lichtfarben und Lampentypen stetig erweitert worden, sondern es sind auch der Wirkungsgrad weiter erhöht und die Farbwiedergabeeigenschaften der Leuchtmittel verbessert worden. Die neuen 16-Millimeter-Leuchtstofflampen (T5) setzen neue Maßstäbe in Bezug auf Lichteffizienz und Lebensdauer und sind zukunftsweisende Technologie. Im Vergleich zu herkömmlichen T8-Lampen (26 Millimeter Durchmesser) kann bis zu 40 % an Energie eingespart werden. Es werden zwei Bauformen von T5-Lampen gefertigt, einmal solche mit hoher Energieeffizienz (hohe Lichtausbeute und Wirtschaftlichkeit) und solche mit hoher Lichtleistung. Die letztere Ausführung ermöglicht Lichtstärken, die bisher nicht möglich waren; diese Lampen können auch Hochdrucklampen ersetzen.

Für die Beleuchtung von Pflanzenaquarien eignen sich besonders solche L-Lampen, die ein auf die Photosynthese der Pflanzen (Pflanzenspektralkurve) abgestimmtes Lichtspektrum mit einem hohen Rotanteil und etwas geringerem Blauanteil besitzen. Bevorzugt verwendet werden sollten deshalb alle Warmtonlampen sowie spezielle „Pflanzenstrahler",

TIPP

Achten Sie beim Kauf von Leuchtmitteln darauf, dass diese ein pflanzenfreundliches Spektrum mit hohem Rotanteil sowie einen guten Wirkungsgrad besitzen.

die – um eine angenehme optische Wirkung zu erzielen – mit Tageslichtröhren kombiniert werden sollten. Die speziell entwickelten „Pflanzenstrahler" Osram 77 L-Fluora und Sylvania Gro-Lux sowie Triton und Philips TLD 89 Aquarelle besitzen zwar einen niedrigeren Wirkungsgrad als andere L-Lampen der neuen Generation, doch ist ihre positive Wirkung auf die Entwicklung des Pigmentsystems der Pflanzen (zum Beispiel Förderung der braunen und roten Farbstoffe, Karotinoide, und somit kräftigere Rotfärbung) nicht zu bezweifeln.

Die im Folgenden genannten Lichtfarben nennen in der ersten Ziffernkombination die alte Kenn-Nummer, in der zweiten die internationale Bezeichnung, aus der Farbwiedergabe und Farbtemperatur zu ersehen ist.

Empfehlenswerte Warmtonlampen für die Pflanzenkultur mit sehr hohen Wirkungsgraden sind von der Firma Osram die Lichtfarben Lumilux 31-830, 32-930 und 41-827 sowie die entsprechenden Kompakt-Lampen Osram Dulux L 31-830 und 41-827, von der Firma Philips die Lampentypen mit den Bezeichnungen TLD 82-827, 83-830 und 93-930 sowie die entsprechenden Lichtfarben der Kompakt-Lampen und von Osram Sylvania die Lichtfarben 182, 183 und 193. Diese können mit neutralweißen L-Lampen kombiniert werden (zum Beispiel Osram Lumilux 21-840, 22-940 oder entsprechend Philips TLD 84-840, 94-940 oder Osram Sylvania 184). Bewährte Kombinationen sind beispielsweise Osram 22-940 oder 32-930 mit Philips 94-940 sowie Gro-Lux mit Philips 84-840 oder 94-940. Die Pflanzenstrahler Fluora und Gro-Lux sollten aufgrund ihres einseitigen Spektrums und unnatürlicher Farbwiedergabe nicht als alleinige Beleuchtung, sondern immer in Kombination mit anderen Lampen verwendet werden. Nach den Erfahrungen der Verfasserin hat sich bei den T5-Lampen als alleinige Lichtfarbe eine Farbtemperatur von 4000 K bewährt oder eine Kombination aus 2700 und 6500 K.

Bei der Verwendung von mehr als einer L-Lampe ist aber immer eine Kom-

TIPP

Kombinieren Sie möglichst unterschiedliche Lampentypen miteinander, um ein möglichst ausgewogenes Spektrum zu erhalten.

Rotblättrige Aquarienpflanzen, hier *Rotala macrandra* (ganz links) und *R. wallichii*, entwickeln sich besonders farbenprächtig bei Leuchtstofflampenlicht mit hohem Rotanteil.

bination verschiedener Lampentypen zu wählen, um eine möglichst hohe Lichtintensität und ein ausgewogenes Spektrum zu erreichen.

In den letzten Jahren ist der Trend zu beobachten, dass die genannten Lampentypen fast nur noch über den Elektrofachhandel zu beziehen sind, während im Zoofachhandel L-Lampen von aquaristischen Firmen angeboten werden. Bei diesen L-Lampen handelt es sich um dieselben oder gering veränderte Produkte der genannten Leuchtmittelhersteller, die unter anderen Firmennamen vertrieben werden. Leider geben nur wenige aquaristische Anbieter das ausführliche Spektrum ihrer Leuchtmittel an. Der Aquarianer sollte aber nur solche Leuchtmittel erwerben, von denen er im Detail weiß, wie das Spektrum beschaffen ist!

Obwohl die fundamentale Bedeutung des Lichts für das Wachstum von Aquarienpflanzen bekannt ist, stellt sich die aquaristische Industrie nur sehr langsam darauf ein. Etliche Aquarienabdeckungen im Handel weisen auch heute noch eine Standardausstattung mit so wenigen Leuchtmitteln auf, dass von Anfang an keine guten Voraussetzungen für ein vielfältiges Pflanzenwachstum gegeben sind. Viele Hersteller sparen an der falschen Stelle, um ein möglichst kostengünstiges Komplettangebot zu machen, und der Käufer ist preisorientiert. So sind handelsübliche Leuchten für Aquarien bis 120 cm fast immer nur mit ein oder zwei Leuchtstofflampen ausgestattet, was für ein anspruchsvolles Pflanzenwachstum eindeutig zu wenig ist. Bei einer zu schwachen Beleuchtung ist von vornherein die Auswahl an Aquarienpflanzen sehr eingeschränkt, und Misserfolge mit der Kultur von Pflanzen sind vorprogrammiert. Rotblättrige oder andere lichtbedürftige Arten (die weitaus größte Zahl der Aquarienpflanzen!) lassen sich bei

Die Bachburgel (*Didiplis diandra*) wächst in beiden Aquarien gesund. Eine intensive Beleuchtung fördert bei der rechten Gruppe aber rote Sprossspitzen.

Richtwerte für die Beleuchtungsstärke (T8-L-Lampen)

Aquarieninhalt	Beckenmaße (L × B × H)	Anzahl L-Lampen	Wattzahl
45 l	50 × 30 × 30 cm	1 bis 2	15 W
63 l	60 × 30 × 35 cm	2	15 W
112 l	80 × 35 × 40 cm	3	18 W
160 l	80 × 40 × 50 cm	3 bis 4	18 W
160 l	100 × 40 × 40 cm	3 bis 4	30 W
200 l	100 × 40 × 50 cm	4	30 W
240 l	120 × 40 × 50 cm	3 bis 4	38 W
350 l	140 × 50 × 50 cm	3 bis 4	36 W
420 l	140 × 60 × 50 cm	4	36 W
504 l	140 × 60 × 60 cm	4 bis 5	36 W
528 l	160 × 60 × 55 cm	4 bis 5	58 W

diesen Lichtbedingungen nicht zufriedenstellend pflegen!

Allerdings ist erfreulicherweise die Tendenz zu beobachten, dass inzwischen zahlreiche Hersteller (z.B. JBL, Luxor (Fa. Gula), Giesemann, Arcadia) Aquarienabdeckungen auch mit einer größeren Anzahl von Leuchtstofflampen liefern, als dies normalerweise üblich ist. Wenn Sie an einem guten Pflanzenwachstum interessiert sind, prüfen Sie, ob bei Ihrer Leuchte ein zusätzlicher Leuchtbalken montiert werden kann (Tiefe etwa 18 cm), wie ihn manche Firmen im Angebot haben (zum Beispiel die Firmen Eheim, Müller & Pfleger und Woha).

Nach diesen grundsätzlichen Überlegungen stellt sich die Frage: Mit wie vielen L-Lampen sollte ein Pflanzenaquarium beleuchtet werden, um gute Wachstumsvoraussetzungen zu schaffen?

Aquarianer erwarten gewöhnlich an dieser Stelle umsetzbare Richtwerte für die erforderliche Beleuchtungsstärke ihres Aquariums, und manche Autoren geben Hinweise in Form von x Watt auf y Liter Wasser. Ich halte derartige Richtwerte insbesondere deshalb für unbrauchbar, weil Wirkungsgrad, Spektrum und Farbwiedergabe der Leuchtmittel sowie die Höhe der Aquarien wesentliche Faktoren sind, die bei diesen Berechnungen nicht einfließen. Um dennoch dem allgemeinen Wunsch der Leser dieses Buches nachzukommen, sollen hier einige Aquariengrößen mit der erforderlichen Bestückung von L-Lampen genannt werden, die sich bei der Verfasserin als geeignete Voraussetzungen für ein anspruchsvolles und vielfältiges Pflanzenwachstum bewährt haben. Es soll an dieser Stelle aber auch darauf hingewiesen werden, dass viele Pflanzen anpassungsfähig sind und auch in etwas schwächer beleuchteten Aquarien noch zufriedenstellend wachsen können. Sie werden dann allerdings nicht mehr so kräftig im Wuchs. Grundsätzlich ist es sinnvoll, eine möglichst hohe Zahl von L-Lampen zu montieren, die je nach dem spezifischen Lichtbedarf der kultivierten Aquarienpflanzen zu- oder abgeschaltet werden können.

Die Angaben in der Tabelle setzen voraus, dass L-Lampen mit einem „pflanzenfreundlichen" Spektrum verwendet werden.

Bei dem Kauf eines Aquariums mit einer passenden Aquarienabdeckung sollte darauf geachtet werden, dass die L-Lampen über die gesamte Länge des Beckens angebracht sind und auch die Ränder des Aquariums ausreichend beleuchtet werden. Leider ist die Aquarienlänge manch-

TIPP

Achten Sie beim Kauf einer Aquarienabdeckung darauf, dass die L-Lampen über die gesamte Länge der Leuchte montiert sind, damit das Aquarium auch an den Rändern gut ausgeleuchtet wird.

TIPP

Bei einer Aquarienhöhe über 60 cm ist die Auswahl an empfehlenswerten Aquarienpflanzen sehr eingeschränkt. Lieber eine geringere Höhe wählen, damit auch Vordergrundpflanzen ausreichend Licht erhalten.

mal nicht auf die Länge der L-Lampen abgestimmt, wenn sich beispielsweise ein 80 cm langes Aquarium nur mit 58 cm (18 Watt) langen Leuchtstoffröhren beleuchten lässt. Die Hersteller von Aquarien sind deshalb aufgefordert, nur solche Größen zu vertreiben, bei denen Aquarienlänge und Leuchtmittel optimal aufeinander abgestimmt sind.

Ab einer Beckenhöhe von 60 cm ist die Auswahl an anspruchsvollen, lichtbedürftigen Aquarienpflanzen erheblich eingeschränkt. Aufgrund von Lichtmangel und der stark reduzierten Beleuchtungsstärke auf dem Bodengrund lassen sich insbesondere lichthungrige Vordergrundpflanzen nicht mehr pflegen. Über eine Beckenhöhe von 60 cm hinaus sind deshalb L-Lampen allein nicht mehr ausreichend, und eine Kombination aus Hochdruck- und Leuchtstofflampen (besser noch Kompakt-Leuchtstofflampen) ist empfehlenswert. Die Montage zusätzlicher L-Lampen als gewöhnlich üblich führt in geschlossenen Aquarienabdeckungen zu einer sehr hohen Umgebungstemperatur der Lampen, die wiederum einen Verlust der Beleuchtungsstärke bewirkt. Bei einer Temperatur von 40 °C sinkt die Beleuchtungsstärke um 20 %. Eine gute Belüftung der Leuchte ist deshalb notwendig, die sich beispielsweise durch den Einbau eines elektronischen Lüfters (Firma Papst) realisieren lässt.

Entscheidend für die Höhe der Beleuchtungsstärke ist auch die Verwendung von guten Reflektoren, die bei den handelsüblichen Aquarienleuchten häufig fehlen. (Auch hier sparen die Hersteller oftmals an der falschen Stelle!) Selbstklebende Alufolie besitzt akzeptable Reflexionseigenschaften, ist sehr preiswert und lässt sich leicht nachträglich anbringen. Noch besser sind natürlich spezielle Reflektoren aus Aluminium.

Einen Hinweis auf eine gute Lichtqualität und Lichtquantität liefern uns die Pflanzen selbst. Beobachten Sie deshalb Ihre Pflanzen: Bilden sie kräftige und gesunde Blätter? Zeigen die Stängelpflanzen ein normales Längenwachstum, oder sind die Internodien (Sprossstücke zwischen den Knoten) stark gestreckt (vergeilt)? Ist die Rotfärbung der Pflanzen kräftig ausgeprägt? Werden diese Fragen mit Nein beantwortet, ist fast immer die Ursache in einer zu schwachen Beleuchtung zu finden.

BELEUCHTUNGSDAUER ▶ Abschließend bleibt noch die wichtige Frage: Wie viele Stunden sollte täglich beleuchtet werden?

Fast alle Aquarienpflanzen leben an ihren natürlichen Standorten zwischen der äquatorialen Zone und einer geografischen Breite von 30°. Während in Äquatornähe die tägliche Beleuchtungsdauer ziemlich konstant bei etwa 12 Stunden liegt, schwankt diese bei einer geografischen Breite von 30° in Abhängigkeit von der Jahreszeit zwischen 10 und 14 Stunden. Um einen geeigneten Mittelweg für die Kultur möglichst vieler Pflanzen zu finden, ist eine tägliche Beleuchtungsdauer von 12 Stunden sinnvoll. Eine Absenkung auf bis zu 10 Stunden täglich wird zwar von vielen Pflanzen vorübergehend vertragen, einige Arten können aber unter diesen Bedingungen auch plötzlich zusammenbrechen.

Von einer Unterbrechung der täglichen Beleuchtungszeit (Mittagszeit) sowie einem wöchentlichen „Regentag" (ein eintägiges vollständiges Abdunkeln) ist dringend abzuraten. Ein solches Vorgehen ist unnatürlich und unterbricht auf unnötige Weise die Photosyntheseproduktion der Pflanzen.

▶ Bodengrund und Nährstoffe

Im Wasser wachsende Pflanzen sind in der Lage, sich sowohl über ihre Blattoberfläche als auch über die Wurzeln zu ernähren. Die meisten Aquarienpflanzen wachsen an ihren natürlichen Standorten während der regenarmen Jahreszeit mehrere Monate lang als Sumpfpflanzen und entwickeln im Boden ein ausgedehntes Wurzelwerk, über das sie Wasser und Nährsalze aufnehmen. Diese Pflanzen

Am natürlichen Standort in Kamerun entwickelt die grüne Tigerlotus (*Nymphaea lotus*) ein ausgedehntes Wurzelwerk.

sind gewöhnlich starke Nährstoffzehrer und benötigen zum guten Gedeihen auch im Aquarium einen nährstoffreichen Boden. Eine Nährstoffaufnahme allein über den Spross ist für diese Pflanzen nicht ausreichend. Die Verwendung von Flüssigdüngern im Aquarium ist deshalb nur als Ergänzung der Ernährung zu sehen, sie ist aber kein Ersatz für einen nährstoffreichen Bodengrund.

Wer Wert auf ein üppiges Pflanzenwachstum im Aquarium legt, sollte deshalb der Beschaffenheit des Bodengrun-

Eine vegetative Vermehrung durch Tochterzwiebeln lässt sich bei der Hakenlilie (*Crinum calamistratum*) nur selten beobachten und wird durch einen nährstoffreichen und hohen Bodengrund gefördert.

Auch die seltene Rote Teichrose (*Nuphar japonica* var. *rubrotincta*) benötigt einen nahrhaften Bodengrund.

Großwüchsige Pflanzen, wie hier die Wasserähre *Aponogeton ulvaceus*, entziehen dem Bodengrund viele Nährstoffe.

Natürlicher Standort der Schwertpflanze *Echinodorus uruguayensis* in einem Fluss in Uruguay. Dichte Bestände wachsen in einem stark lehmhaltigen Bodengrund.

des große Aufmerksamkeit schenken, denn dieser ist Nährstoffspeicher und -vermittler zugleich. Weil eine der wichtigsten Ursachen für ein schlechtes Pflanzenwachstum im Aquarium in der Wahl eines ungeeigneten Bodengrundes liegt, sollen hier zunächst einige allgemeine Hinweise gegeben werden.

Für ein zufriedenstellendes Pflanzenwachstum muss die Bodenstruktur so beschaffen sein, dass Korngröße und Porenvolumen eine gute Umwälzung und Durchlüftung gewährleisten, denn die Pflanzenwurzeln sind auf einen günstigen Nährstoff- und Gasaustausch angewiesen. Insbesondere Sauerstoff muss an die Pflanzenwurzeln herangeführt werden, denn der überwiegende Teil der Bodenflora und -fauna verbraucht Sauerstoff. Demzufolge hemmt Sauerstoffmangel im Wurzelbereich die Wachstums- und Synthesevorgänge (Amberger 1988), und es kommt zu anaeroben Verhältnissen, also einem „faulenden" Bodengrund.

Ferner müssen im Boden alle notwendigen Nährstoffe für ein schnelles Pflanzenwachstum vorhanden sein. Die Nährstoffe liegen in verschiedenen Bindungsformen vor und sind deshalb mehr oder weniger gut für die Pflanzen verfügbar. Viele Nährstoffe werden erst durch mikrobielle Tätigkeit frei, wobei nach wissenschaftlichen Erkenntnissen bei einem pH-Wert zwischen 5,5 und 6,5 die beste Verfügbarkeit der Pflanzennährstoffe gegeben ist. Nur sehr wenige Wasser-

pflanzen, beispielsweise Laichkräuter (*Potamogeton*), Vallisnerien und einzelne Wasserkelche (*Cryptocoryne affinis* und *C. usteriana*), gedeihen an ihren natürlichen Habitaten auf kalkreichem Boden. Es ist deshalb grundsätzlich sehr wichtig, dass der Boden im Aquarium kalkarm ist. (Ob der Boden zu viel Kalk enthält, lässt sich mit mindestens 6%iger Salzsäure leicht prüfen. Bei starkem Schäumen ist der Boden zu kalkreich und alkalisch und sollte nicht verwendet werden.)

Bei Korngrößen unter zwei Millimeter unterscheidet man ganz allgemein zwischen Sandböden, Tonböden und Lehmböden (Gemisch aus Sand und Ton), die jeweils unterschiedliche Gehalte an Kalk und Humus enthalten können. Reine Tonböden zeichnen sich zwar durch ein hohes Nährstoffangebot aus, besitzen aber eine sehr geringe Korngröße und ein kleines Porenvolumen, wodurch Luft- und Wasseraustausch sehr erschwert sind. Am günstigsten für das Pflanzenwachstum in der Natur sind Lehmböden (Ton und Sand zu je 20–50 %) mit einem hohen Humusanteil. In diesen Böden ist eine gute Durchlüftung möglich, die an den natürlichen Standorten durch im Boden lebende Organismen zusätzlich unterstützt wird. Charakteristisch für tropische Gebiete sind lateritische Böden (Roterden) und Lateritböden. Diese zeichnen sich durch eine extreme Nährstoffarmut aus, sind allerdings meistens reich an Eisen und/oder Aluminium. In den Tropen enthalten diese Böden dennoch gewöhnlich ausreichend Nährstoffe für ein Pflanzenwachstum, weil durch die schnelle Mineralisierung von abgestorbenem Pflanzenmaterial in dem im Allgemeinen weichen und salzarmen Wasser die frei gewordenen Nährstoffe sofort wieder von den Pflanzen aufgenommen werden können.

An den natürlichen Standorten unserer Aquarienpflanzen findet man häufig einen stark lehm- und tonhaltigen Bodengrund mit einer sauren Reaktion vor. Sieben Bodenproben, die von der Verfasserin in Brasilien und Bolivien an Habitaten mit vielen Wasser- und Sumpfpflanzen entnommen wurden, wiesen pH-Werte zwischen 4,1 und 5,6 (einmal 7,4) auf. Diese Böden bilden ein großes Nährstoffreservoir und zeichnen sich durch ein starkes Festhaltevermögen für Pflanzennährstoffe und ein hohes Puffrungsvermögen aus. Zudem befinden sich in diesen Böden viele Tiere sowie Mikroorganismen und auch organisches Material (Humus), die zusammen eine Mobilisierung der Nährstoffe bewirken.

Ein prächtiger Blickfang ist die Sorte *Echinodorus* 'Rubin', die am schönsten im nahrhaften Bodengrund und bei guter Beleuchtung wird.

Die Wasserähre *Aponogeton boivinianus* bildet ein kräftiges Wurzelwerk und benötigt deshalb einen nahrhaften Bodengrund. Die Knolle braucht eine regelmäßige Ruhezeit.

Im Aquarium fehlen die an den Standorten vorherrschenden Prozesse der Bodenbildung und des Stoffaustausches sowie Wasserbewegungen durch Niederschlag (Sickerwasser) und Grundwasser, auch fehlen die Bodentiere weitestgehend (Turmdeckelschnecken sind im Aquarium sehr nützlich). Deshalb ist eine Übertragung natürlicher Verhältnisse auf das Aquarium nur begrenzt möglich, weil in einem besonders feinkörnigen, aber nährstoffreichen Aquarienboden (ausschließlich Lehm, Ton oder Laterit) keine ausreichende Wasserströmung mehr gewährleistet wäre und nach einigen Monaten die Wurzeln absterben würden.

Um aber dennoch im Aquarium ein zufriedenstellendes Pflanzenwachstum zu erreichen, ist es erforderlich, einen Kompromiss einzugehen. Dieser muss so aussehen, dass einerseits eine ausreichende Wasserbewegung im Boden gewährleistet ist, andererseits alle für das Pflanzenwachstum notwendigen Nährstoffe vorhanden und verfügbar sind.

Als geeigneter Bodengrund im Aquarium hat sich grober, ungewaschener, kalkarmer Sand als Hauptbestandteil bewährt, in den die Wurzeln leicht eindringen und Halt finden können. Dieser weist ein ausreichend großes Porenvolumen und eine geeignete Korngröße auf, sodass eine langsame Wasserströmung im Boden möglich ist und sich Mikroorganismen entwickeln können. Der Sand kann mit feinem Quarzkies der Körnung 1 bis 3 Millimeter abgedeckt werden; natürlicher ist aber die ausschließliche Verwendung von Sand, was auch den Bedürfnissen vieler Fische nach Graben, Durchkauen des Sandes usw. entgegenkommt. Eine gröbere Kieskörnung von 2 bis 5 Millimeter ist nur bei einem sehr hohen Bodengrund zu empfehlen, wodurch die Gefahr einer zu geringen Durchströmung verringert wird.

Kies oder grobkörniger Sand enthält für ein zufriedenstellendes Gedeihen von Pflanzen nicht ausreichend Nährstoffe, weshalb es erforderlich ist, den Boden zusätzlich zu düngen. Dieses kann durch eine Zugabe von Lehm oder Ton (ein halber Liter auf 10 Liter Sand) sowie die im Fachhandel angebotenen Lateriterden (denen gewöhnlich Spurenelemente zugesetzt sind) erfolgen, die zudem eine geringe (erwünschte) pH-Absenkung bewirken. Eine Möglichkeit, alkalischem Sand einen Teil des Kalkgehaltes zu entziehen, besteht darin, diesen ein paar Tage in

Regenwasser, das zumeist eine stark saure Reaktion aufweist, zu wässern.

Obwohl mit Torf im Bodengrund gelegentlich von guten Wachstumserfolgen berichtet wurde, muss an dieser Stelle grundsätzlich von seiner Verwendung abgeraten werden, da er im Aquarienboden nach einigen Wochen in Fäulnis übergeht und es zu unerwünschten anaeroben Verhältnissen kommen kann. Auch von einer größeren Menge organischem Material (Maulwurfserde, Wiesenerde, Einheitserde) oder der ausschließlichen Verwendung von Erdmischungen ist abzuraten, da diese faulen können, den Boden schnell verschlammen und die Stoffwechselvorgänge dadurch negativ beeinträchtigen. Ferner begünstigen Erdmischungen das Algenwachstum.

Mit den handelsüblichen Bodenmischungen Sera floredepot (pH-Wert 4,8), Dennerle Deponit-Mix (pH-Wert 7,0) und Duplarit G (pH-Wert 6,1–6,4) konnte die Verfasserin gute Wachstumserfolge erzielen. Es soll aber betont werden, dass die Verwendung dieser sehr teuren Bodenmischungen keine notwendige Voraussetzung für ein optimales Pflanzenwachstum ist, sondern auch andere Wege zum Erfolg führen.

Wie hoch sollte der Bodengrund eingebracht werden? Je höher der Bodengrund im Aquarium ist, umso größer ist die Gefahr, dass eine Wasserbewegung nicht mehr ausreichend erfolgen kann und der Boden mit der Zeit zu sehr verdichtet. Die Folgen sind faulende Wurzeln und ein schlechtes Gedeihen der Pflanzen. Um diesem vorzubeugen, hat sich die Installation einer Bodenheizung bewährt, die eine aufsteigende Wasserthermik bewirkt.

In kleinen Aquarien mit zarten und wenig Wurzeln bildenden Pflanzen ist eine Bodenhöhe von 2 bis 4 cm völlig ausreichend. Bei dieser geringen Bodenhöhe ist eine gute Wasserzirkulation immer gegeben und eine Bodenheizung nicht erforderlich. In größeren Aquarien ab etwa 100 l Inhalt, in denen auch großwüchsige, nährstoffzehrende Pflanzen verwendet werden, sollte der Bodengrund etwa 4 bis 6 cm hoch sein. Eine Bodenheizung erweist sich hier fast immer als sinnvoll. Soll der Boden noch höher sein, ist es empfehlenswert, als unterste Schicht Kies mit einer Körnung von 2 bis 5 mm einzubringen, der für eine Verbesserung der Durchlüftung sorgt, und erst darüber eine Sandschicht. Außerdem lässt sich eine aufsteigende Wasserbewegung auch durch andere Maßnahmen bewirken, zum Beispiel das Anbringen der Vorschaltgeräte der Leuchtstofflampen unter dem Aquarienboden oder die Aufstellung des Beckens über einem Heizkörper.

Eine wachstumsverbessernde Maßnahme besteht darin, beim regelmäßigen Wasserwechsel und Einkürzen der Pflanzen den Bodengrund stellenweise etwas aufzulockern (nicht umgraben!).

Die Verwendung eines nährstoffreichen, lockeren Bodengrundes im Aquarium hat nicht nur den Vorteil, dass die besten Voraussetzungen für ein zügiges Pflanzenwachstum gegeben sind, sondern dass über viele Monate nicht zusätzlich gedüngt zu werden braucht. Erst bei einem sichtbaren Nachlassen des Wachstums sollte der Bodengrund nachgedüngt werden. Dieses kann durch handelsübliche Bodendünger in Tablettenform geschehen (Flüssigdünger erhöhen nur den Nährstoffgehalt des Wassers, nicht den des Bodens). Bei der Verfasserin haben sich die Fabrikate Tetra Crypto-Dünger und Sera florenette A für die Düngung des Bodens bewährt.

Eine preiswerte und gleich effektive Methode anstelle von käuflichen Düngern sind selbst hergestellte, etwa ein Zentimeter große Lehmkugeln, die nach Bedarf in die Nähe der Pflanzenwurzeln gedrückt werden. In feuchtem Zustand kann (muss aber nicht) jede Lehmkugel auch mit Nährsalzen (beispielsweise ein paar Tropfen Blumenvolldünger, einige Körnchen Hydrodünger Lewatit HD 5, etwas Luvos-Heilerde, 3 bis 4 Körnchen Osmocote, Basacote oder Blaukorn) angereichert werden.

TIPP

Bei sichtbarem Wachstumsrückgang besonders nährstoffzehrender Pflanzen keinen Flüssigdünger, sondern speziellen Bodendünger oder Lehmkugeln verwenden.

WICHTIGE WACHSTUMSFAKTOREN

Im Aquarium werden viele Pflanzen mit unterschiedlichen Temperaturansprüchen kultiviert. *Alternanthera reineckii*, *Myriophyllum aquaticum*, *Ceratopteris cornuta*, *Heteranthera zosterifolia* und *Bacopa caroliniana* können bei 25 °C problemlos gepflegt werden.

▶ Wasser als Lebensraum

Außer den bedeutenden ökologischen Wachstumsfaktoren Licht und Bodengrund spielt auch das Wasser als Lebensraum der Aquarienpflanzen eine wichtige Rolle. Unter anderen Parametern sind es insbesondere die Temperatur und die chemische Beschaffenheit des Wassers, die den Stoffwechsel der Wasserpflanzen wesentlich beeinflussen.

TEMPERATUR ▶ Die meisten Aquarienpflanzen stammen aus tropischen oder subtropischen Gebieten, nur wenige sind in den gemäßigten Zonen beheimatet. Die in den Tropen lebenden Wasser- und Sumpfpflanzen wachsen in ihren natürlichen Gewässern in Abhängigkeit von den Jahreszeiten oftmals bei sehr hohen Wassertemperaturen. An voll besonnten Biotopen werden nicht selten Temperaturen von 30 bis 35 °C gemessen. Diese Arten sind somit in der Lage, noch bei einer sehr hohen Wassertemperatur zu assimilieren. Bei diesen hohen Temperaturen gedeihen die Pflanzen aber nicht optimal, und über diesen Bereich des Maximums hinaus würden sie absterben.

Der Temperaturbereich, in dem tropische Arten am besten gedeihen (Temperaturoptimum), dürfte zwischen 24 und 28 °C liegen, was zahlreiche Messungen an natürlichen Standorten sowie Erfahrungswerte aus der Kultur vermuten lassen. Die tropischen Wasserpflanzen sind an die hohe Wärme ihrer Lebensräume derart angepasst, dass ihr Temperaturminimum bei 15 bis 18 °C liegt; unterhalb dieses Bereiches sind sie im Allgemeinen nicht mehr lebensfähig.

Im Unterschied zu diesen besonders wärmeliebenden Arten besitzen Aquarienpflanzen aus den gemäßigten Breiten gewöhnlich eine wesentlich größere Temperaturtoleranz. Sie gedeihen einerseits während des Sommers, allerdings nur wenige Tage lang, bei hohen Wassertemperaturen, und andererseits während der Winterzeit auch bei Temperaturen noch unter 10 °C, kurzzeitig sogar um den Gefrierpunkt. Messdaten und Kulturerfahrungen deuten darauf hin, dass sich das Temperaturoptimum dieser Aquarienpflanzen im Bereich zwischen 20 und 25 °C befinden dürfte und somit deutlich niedriger liegt als das der tropischen Arten.

Um einer möglichst großen Zahl von Aquarienpflanzen gute Wachstumsvoraussetzungen zu bieten, ist deshalb eine mittlere Temperatur im Aquarium von etwa 24 bis 26 °C zu wählen. Steigt im Sommer die Temperatur des Aqua-

Die Kultur der Gegabelten Haarnixe (*Cabomba furcata*) gelingt nur in weichem, salzarmem Wasser.

Die Gitterpflanze (*Aponogeton madagascariensis*) ist eine prächtige Solitärpflanze, deren Kultur aber spezielle Bedingungen und viel Erfahrung im Umgang mit Knollengewächsen erfordert.

rienwassers auf 30 °C an oder sinkt sie im Winter auf 20 °C, so ist davon auszugehen, dass diese Schwankungen im Toleranzbereich der Arten liegen. Es muss aber betont werden, dass ihr artspezifisches Temperaturoptimum häufig anders gelagert ist.

Grundsätzlich sollte die Temperatur im Aquarium nicht gleichmäßig geregelt sein, wie das fast immer zu beobachten ist. Wissenschaftliche Versuche haben gezeigt, dass sich geringe Temperaturschwankungen zwischen Tag und Nacht sowie Sommer und Winter förderlich auf das Pflanzenwachstum auswirken und zugleich ein Ablaichen vieler Fischarten stimulieren. Eine nicht ständig konstante Temperatur stärkt auch die Widerstandsfähigkeit von Pflanzen und Fischen.

KARBONATHÄRTE, PH-WERT UND CO_2-DÜNGUNG ▶

Die Mehrzahl der Aquarienpflanzen lebt an ihren natürlichen Standorten in sehr weichem, salzarmem und schwach saurem Wasser, das alle für das Wachstum notwendigen Nährstoffe enthält. Unser Leitungswasser ist dagegen oftmals mittelhart oder hart, mineralreich und alkalisch, und diesem Wasser fehlen viele essenzielle Nährstoffe; andere dagegen liegen wiederum in einer zu großen Menge vor. Es ist deshalb häufig notwendig, das Leitungswasser so zu verändern, dass ein gutes Wuchsklima für Pflanzen geschaffen wird. Ermittelt und überprüft werden Karbonathärte, pH-Wert und CO_2-Gehalt mit Testsets aus dem Zoofachhandel.

Zu den wichtigsten Nährelementen, die Pflanzen benötigen, zählt Kohlenstoff. Während Landpflanzen ihren Kohlenstoffbedarf dem Kohlendioxidgehalt der Luft entnehmen, decken Aquarienpflanzen ihren Bedarf aus den verschiedenen Kohlenstoffquellen des Wassers, insbesondere aus dem freien Kohlendioxid, das aus der Atmung der Fische und von Oxidationsprozessen im Aquarium stammt.

Bei einer starken Assimilationstätigkeit der Pflanzen wird dem Aquarienwasser Kohlendioxid entzogen, und der pH-

In weichem und kristallklarem Wasser gelingt die Kultur der anspruchsvollen Rotala wallichii.

Wert steigt an. Sobald das im Wasser vorhandene freie Kohlendioxid aufgebraucht ist, lässt sich ein deutliches Nachlassen des Pflanzenwachstums feststellen. Während einige anspruchsvolle Aquarienpflanzen ihr Wachstum ganz einstellen, können viele Arten auch die Hydrogenkarbonationen verwerten, wodurch sich der pH-Wert weiter erhöht und eine Ausfällung des unlöslichen Kalziumkarbonats bewirkt wird, was sich als Kalkkruste auf den Blattflächen bemerkbar macht (biogene Entkalkung).

Obwohl viele Aquarienpflanzen in gewissen Grenzen anpassungsfähig sind und auch bei einem nur geringen Vorhandensein von freiem Kohlendioxid noch

Kalkkrusten auf den Blättern bei Potamogeton schweinfurthii (ganz links) im Malawisee und bei der Schwertpflanze Echinodorus uruguayensis im Aquarium

Auch das Fluss-Mooskraut (*Mayaca fluviatilis*) zählt zu den anspruchsvollen Weichwasserpflanzen, die am besten in karbonatarmem Wasser mit viel freiem Kohlendioxid wachsen.

(eingeschränkt) assimilieren, ist ihr Wachstum zweifellos besser bei „viel" freiem Kohlendioxid. Um eine gute Ernährung der Aquarienpflanzen mit Kohlenstoff zu gewährleisten, ist es deshalb in dicht bepflanzten und gut beleuchteten Aquarien fast immer notwendig, zusätzlich mit Kohlendioxid zu düngen.

Um die Pflanzen ausreichend mit Kohlenstoff versorgen zu können, ist es hilfreich, die Wechselbeziehung zwischen Karbonathärte (auch Säurebindungsvermögen, SBV, genannt) und Kohlendioxid zu kennen. Je höher die Karbonathärte ist, um so mehr Kohlendioxid ist notwendig, um das Kalziumhydrogen-

Das seltene Fadenkraut, *Blyxa aubertii*, gedeiht sowohl in weichem als auch hartem Wasser, benötigt aber viel freies Kohlendioxid.

karbonat in Lösung zu halten, also eine Ausfällung von Kalk zu verhindern. Deshalb ist es häufig sinnvoll, das Leitungswasser zu enthärten.

Viele Aquarianer verwenden Umkehrosmose-Anlagen, die es bei geringer Kapazität schon für einen relativ niedrigen Preis gibt. Dieses vollentsalzte Wasser muss mit Leitungswasser verschnitten werden, um das Aquarienwasser auf eine niedrige Karbonathärte zwischen 2 und 8 °dH einzustellen. Bei einer noch niedrigeren Karbonathärte besitzt das Wasser eine zu geringe Pufferkapazität, und der pH-Wert kann schnell in einen zu sauren Bereich rutschen, was besonders gefährlich für die Pflege von Fischen ist. Gesamthärte, Karbonathärte und pH-Wert lassen sich leicht über Tropftests aus dem Fachhandel messen. Grundsätzlich wäre es völlig ausreichend, mit Hilfe eines schwach sauren Kationenaustauschers dem Leitungswasser nur die Härtebildner zu entziehen, was eine Senkung der Karbonathärte zur Folge hat, wie es sich bei der Verfasserin seit Jahren in der Praxis bewährt hat, doch ist natürlich auch die Verwendung von voll entsalztem Wasser möglich.

Umkehrosmose-Anlagen lohnen sich aus wirtschaftlichen Gründen nur dann, wenn man größere Aquarien besitzt. Für Aquarien bis 100 Liter Inhalt gibt es aber auch drei einfache Möglichkeiten, die Karbonathärte so weit zu verringern, dass ein vielfältiges Pflanzenwachstum möglich ist. Für ein kleines Aquarium benötigt man nur eine geringe Menge zum Wasserwechsel, sodass sauberes Regenwasser verwendet werden kann. Manche Aquarianer besitzen auch die Möglichkeit, weiches Quellwasser zu besorgen.

Eine dritte Möglichkeit besteht darin,

Optimaler CO_2-Bereich

		zu viel CO_2		optimaler Bereich			zu wenig CO_2				
Aufhärten mit KH-Bildner oder KH + GH-Bildner	pH / KH	6,0	6,2	6,4	6,6	6,8	7,0	7,2	7,4	7,6	7,8	8,0
	0,5	15	9,3	5,9	3,7	2,4	1,5	0,93	0,59	0,37	0,24	0,15
	1,0	30	18,6	11,8	7,4	4,7	3,0	1,86	1,18	0,74	0,47	0,30
	1,5	44	28	17,6	11,1	7,0	4,4	2,8	1,76	1,11	0,70	0,44
	2,0	59	37	24	14,8	9,4	5,9	3,7	2,4	1,48	0,94	0,59
	2,5	73	46	30	18,5	11,8	7,3	4,6	3,0	1,85	1,18	0,73
	3,0	87	56	35	22	14	8,7	5,6	3,5	2,2	1,4	0,87
optimaler Härtebereich	3,5	103	65	41	26	16,4	10,3	6,5	4,1	2,6	1,64	1,03
	4,0	118	75	47	30	18,7	11,8	7,5	4,7	3,0	1,87	1,18
	5,0	147	93	59	37	23	14,7	9,3	5,9	3,7	2,3	1,47
	6,0	177	112	71	45	28	17,7	11,2	7,1	4,5	2,8	1,77
	8,0	240	149	94	59	37	24	14,9	9,4	5,9	3,7	2,4
Enthärten wird empfohlen	10,0	300	186	118	74	47	30	18,6	11,8	7,4	4,7	3,0
	15,0	440	280	176	111	70	44	28	17,6	11,1	7,0	4,4
	20,0	590	370	240	148	94	59	37	24	14,8	9,4	5,9

CO_2-Gehalt in mg/l; Karbonathärte in Grad deutscher Karbonathärte (°dKH)

(erweitert nach Horst & Kipper 1989)

Osmosewasser im Zoofachgeschäft zu erwerben. Eine Ansäuerung des Wassers durch Torf ist für Pflanzenaquarien nicht empfehlenswert, da das Wasser zu stark gelb gefärbt wird und eine Lichtverminderung die Folge ist.

Wie kann der Aquarianer feststellen, ob er seine Pflanzen zusätzlich mit Kohlendioxid düngen muss?

Der Gehalt an freiem Kohlendioxid ist ein wichtiger begrenzender Faktor für das Pflanzenwachstum. Interessant sind in diesem Zusammenhang neue wissenschaftliche Untersuchungen (Pedersen et al. 2000), die die fundamentale Bedeutung des CO_2-Gehaltes im Wasser im Zusammenwirken mit der Lichtintensität für das Pflanzenwachstum unterstreichen. Ein wesentliches Ergebnis dieser Arbeit ist, dass sich bei gleich bleibender Lichtintensität die Photosyntheseproduktion von Wasserpflanzen (beispielsweise *Riccia fluitans*) durch die Erhöhung des CO_2-Gehaltes erheblich steigern lässt. Ebenfalls ist eine Steigerung des Wachstums durch die Erhöhung der Lichtintensität bei gleich bleibendem CO_2-Gehalt möglich. Die größte Wachstumsrate wurde bei einer gleichzeitigen Erhöhung von CO_2 und Lichtintensität erzielt.

Aus diesem Ergebnis lässt sich folgern, dass auch in einem schlecht beleuchteten Aquarium mit einem erhöhten CO_2-Gehalt dennoch ein befriedigendes Pflanzenwachstum möglich sein kann! Eine CO_2-Düngung ist deshalb grundsätzlich für jedes Aquarium sehr wichtig; sie bewirkt nicht erst dann eine Wachstumsverbesserung, wenn kein freies Kohlendioxid mehr vorhanden ist. In diesem Zusammenhang ist es wichtig zu wissen, dass ein sehr hoher CO_2-Gehalt des Wassers giftig für die Fische ist. Es ist deshalb notwendig, gelegentlich den CO_2-Gehalt des Wassers zu messen (z.B. Tropftests aus dem Fachhandel).

Für ein prächtiges Pflanzenwachstum ist es oftmals notwendig, die Karbonathärte zu senken, um die Pflanzen ausreichend mit Kohlenstoff versorgen zu können. Pflanzenbestand des Aquariums: *Myriophyllum aquaticum*, *Riccia fluitans*, *Limnophila* sp., *Nymphaea lotus*, *Nesaea pedicellata*, *Didiplis diandra*.

Der Zoofachhandel bietet eine große Auswahl an CO_2-Anlagen an, die sich in der Praxis bewährt haben. Die Anlagen sind auf verschiedene Beckengrößen zugeschnitten. Im Prinzip wird das CO_2 in einer Druckflasche bevorratet, über ein steuerbares Ventil oder einen Druckminderer dosiert abgegeben und über eine Diffusionseinrichtung in das Aquarienwasser geleitet. Leere Druckflaschen werden vom Zoofachhandel befüllt bzw. ausgetauscht.

Es soll aber nicht verschwiegen werden, dass es für den schmalen Geldbeutel auch die preiswertere Alternative der Hefegärung gibt, die deshalb hier ausführlich dargestellt wird, weil sie für kleine Aquarien besonders empfehlenswert ist:

Auf einen Liter lauwarmes Wasser nimmt man 100 g Zucker und etwa 2 g Trockenhefe. Je nach Größe des Aquariums wird die entsprechende Menge dieses Gemisches in eine Glasflasche gefüllt, die absolut dicht sein muss. Die Flasche darf nur bis zu etwa drei Viertel mit der Lösung gefüllt werden, weil durch die Gärung eine starke Schaumbildung entsteht. Von dieser Glasflasche führt ein dünner Plastikschlauch, der am Ende mit einem Ausströmer versehen ist, in das Aquarium. Nach einer kurzen Zeit beginnt die Zuckerlösung zu gären, und es entsteht neben Alkohol Kohlendioxid, das über den Ausströmer in das Wasser geleitet wird und in Lösung geht. Um zu verhindern, dass unerwünschte Gärungsprodukte in das Aquarium gelangen, hat es sich bei der Verfasserin in der Praxis bewährt, das Kohlendioxid zunächst über eine zweite, viel kleinere und mit Wasser gefüllte Flasche zu leiten, in der sich die Begleitstoffe absetzen und lösen können, und erst von dort aus perlt das Kohlendioxid über den Ausströmer in das Aquarium. Eine Möglichkeit zur Verringerung der Schaumbildung besteht auch darin, dem Gemisch ein paar Tropfen Speiseöl zuzusetzen.

Für ein kleines Aquarium mit 50 Liter Inhalt genügt für die Hefegärung eine Flasche von 0,5 bis 1 Liter Inhalt, für ein 200-l-Aquarium eine 2-Liter-Flasche, und für ein 400-l-Aquarium ist eine Flaschengröße von 5 Litern sinnvoll. Bei diesen ungefähren Angaben wird von einer Karbonathärte von 4 bis 8 °dH ausgegangen. Bei einer höheren Karbonathärte müssen die Gärungsbehälter größer sein. Natürlich ist es auch bei einem Einsatz der Hefegärung notwendig, regelmäßig den pH-Wert des Wassers zu messen. Nachteile der Gärungsmethode sind: Die Begasung ist temperaturabhängig und nicht gleich bleibend stark; alle 10 bis 14 Tage muss die Zuckerlösung erneuert werden.

Wer diese Zuckerlösung nicht selbst herstellen will, kann auch über die Firma Dennerle (Produkt CO 30 Natürliche Bio-Kohlensäure) ein System erwerben, das auf der Hefegärung basiert, aber durch verschiedene Zusätze eine noch gleichmäßigere CO_2-Entwicklung über etwa vier Wochen garantiert.

Auch große Pflanzenaquarien können durch die Gärungsmethode ausreichend mit CO_2 versorgt werden. So wird ein 800-l-Pflanzenaquarium der Verfasserin, das eine Karbonathärte von 4 °dH besitzt, schon seit Jahren auf diese Weise mit Kohlendioxid gedüngt.

Die Hefegärung ist eine preiswerte Alternative der Kohlendioxiddüngung insbesondere für kleine Aquarien.

Tipps zur richtigen Auswahl

Tipps zur richtigen Auswahl

34	▶	**Geeignete Pflanzen**	38	▶	**Sumpfpflanzen**
36	▶	**„Echte" Wasserpflanzen**	41	▶	**Schwierige Auswahl**

Das Angebot des Zoofachhandels umfasst etwa 100 bis 150 Aquarienpflanzen, die mehr oder weniger regelmäßig erhältlich sind. Wohl fast jeder Anfänger wird für die erste Einrichtung seines Aquariums aus dieser reichhaltigen Palette vorwiegend nach optischen Gesichtspunkten wählen und zu diesem Zeitpunkt noch wenig über die spezifischen Lebensansprüche der einzelnen Pflanzen wissen. Dieses nachvollziehbare Käuferverhalten führt aber dazu, dass viele der ausschließlich nach ihrem dekorativen Äußeren erworbenen Aquarienpflanzen nicht wachsen und schon nach kurzer Kulturzeit absterben. Der Käufer ärgert sich verständlicherweise über das Nichtgedeihen der Pflanzen, doch die Ursache derartiger Misserfolge lässt sich fast immer auf eine falsche Auswahl an Aquarienpflanzen und auf Kulturfehler zurückführen. Die traurige Konsequenz aus derartigen Problemen sind mehr als 40 000 Aquarianer, die jedes Jahr dieses schöne Hobby wieder aufgeben. Um Fehlentscheidungen beim Erwerb von Pflanzen zu vermeiden, soll diesem Thema besondere Aufmerksamkeit gewidmet werden.

▶ Geeignete Pflanzen

Um die richtige Auswahl empfehlenswerter Pflanzen für sein eigenes Aquarium treffen zu können, müssen nicht nur die spezifischen Wachstumsansprüche der Pflanzen beachtet werden, sondern auch gute Voraussetzungen für die gemeinsame Pflege von Fischen und Pflanzen gegeben sein. Beispielsweise lassen sich viele mittel- und südamerikanische Buntbarsche nur mit ausgewählten, besonders derb- und grobblättrigen Pflanzenarten zusammen halten, denn diese Fische sehen zartes Grün als willkommene Nahrung an. Der erfolgreiche Weg zu einem prächtig bepflanzten Aquarium führt daher über ausreichende Sachkunde im Umgang mit Fischen und Pflanzen!

Wie aber kann sich der „Einsteiger" schnell und umfassend einen Überblick über das große Angebot an Aquarienpflanzen verschaffen? Wie lassen sich

Blick in ein Gewächshaus der dänischen Wasserpflanzengärtnerei Tropica. Fast alle Aquarienpflanzen sind Sumpfpflanzen und werden über Wasser herangezogen.

Pflanzen aus der Sumpfkultur haben den Vorteil, dass sie sich aufgrund ihrer Vitalität schnell an die Aquarienbedingungen anpassen können.

Schwertpflanzen werden häufig durch Adventivpflanzen an Blütenständen vermehrt. Hier ein Mutterpflanzenbestand von *Echinodorus cordifolius* in der Gärtnerei Hoechstetter.

empfehlenswerte Pflanzen von den nicht geeigneten unterscheiden? In diesem Kapitel werden einige Tipps gegeben, wie jeder Aquarianer seine individuelle Auswahl treffen kann.

Zunächst sollte man wissen, dass es sich bei den meisten der im Fachhandel erhältlichen Aquarienpflanzen um Sumpfgewächse handelt, die in der Lage sind, nicht nur unter Wasser (submers), sondern auch über Wasser (emers) zu gedeihen. Diese Möglichkeit, Aquarienpflanzen als Landpflanzen heranzuziehen, machen sich Wasserpflanzengärtnereien zu Nutze: Einerseits ist das Wachstum von Sumpfpflanzen über Wasser bedeutend schneller als unter Wasser, und zudem ist ihre Handhabung einfacher, andererseits ist ihre Kultur wesentlich preiswerter, was auch dem Geldbeutel des Aquarianers zugute kommt. Hinzu kommt, dass sich die emersen Pflanzen leicht transportieren lassen, über eine hohe Vitalität verfügen und deshalb im Aquarium gewöhnlich schnell weiterwachsen – vorausgesetzt, es sind geeignete Wachstumsbedingungen vorhanden. Allerdings ist die Umstellung von der emersen zur submersen Kultur fast immer mit dem Verlust der Landblätter verbunden, sodass eine kurze Eingewöhnungsphase im Aquarium berücksichtigt und überwunden werden muss (Gefahr von Algenbildung!).

Vergleicht man emerse und submerse Blätter miteinander, so lassen sich häufig Unterschiede feststellen: Beispielsweise ist das Überwasserblatt bei der Cognacpflanze (*Ammannia*) verhältnismäßig dick, in seiner Struktur fest und grün gefärbt, das Unterwasserblatt ist dünn, weich (schlaff) und kräftig rotbraun. Der Indische Wasserwedel (*Hygrophila difformis*) bildet über Wasser nur ganzrandige, also ungeteilte Blätter; unter Wasser entwickeln sich dagegen fein zerschlitzte (fiederschnittige) Spreiten, sodass sich die Landpflanze deutlich von der Wasserform unterscheidet. Der Botaniker bezeichnet die Ausbildung unterschiedlich gestalteter Blätter als Heterophyllie (Verschiedenblättrigkeit).

Diese beiden Beispiele sollen zeigen, dass es deutliche Merkmale gibt, mit deren Hilfe man submers und emers gewachsene Pflanzen zweifelsfrei voneinander unterscheiden kann. Beim Erwerb von Aquarienpflanzen sollte deshalb auf solche Unterschiede geachtet werden. Schauen Sie sich die Pflanzen im Zoofachhandel gut an!

▶ „Echte" Wasserpflanzen

Neben den sowohl im Wasser als auch auf dem Land lebenden Sumpfgewächsen gibt es auch – allerdings verhältnismäßig wenige – „echte" Wasserpflanzen, die ausschließlich im Wasser gedeihen und nicht in der Lage sind, Landblätter zu entwickeln. Diese Pflanzen können in Gärtnereien im Allgemeinen nur unter Wasser vermehrt werden (von sehr wenigen Ausnahmen abgesehen), weshalb ihre Kultur teurer und aufwendiger ist als bei den emersen Pflanzen. Zudem eignen

Sumpfpflanzen verändern unter Wasser fast immer Aussehen und Färbung. Die grünen Landsprosse der Cognacpflanze (*Ammannia*) entwickeln sich im Aquarium zu rötlichen Wasserblättern.

Auch Wasserfreund-Arten (hier *Hygrophila difformis* und *H. corymbosa*) weisen unter Wasser ein anderes Aussehen auf als über Wasser.

Polygonum sp. zwei Wochen nach der Umstellung von der Landform zur Aquarienpflanze. Die unteren Sprosse besitzen noch die emersen grünen Blätter, an den Sprossspitzen bilden sich bei hoher Beleuchtungsstärke braunrote Wasserblätter.

Die fein zerschlitzten Fiederblätter weisen darauf hin, dass dieser Wasserschlauch (*Utricularia stellaris*) eine „echte" Wasserpflanze ist.

Buntblättrige Zimmerpflanzen wie diese *Dracaena* gehören nicht ins Aquarium, sondern in ein Terrarium oder Paludarium.

Wassers nicht aufrecht stehen können, sondern schlaff herunterhängen oder umknicken. Einige Arten, z.B. *Ceratophyllum* (Hornblatt) und *Utricularia* (Wasserschlauch), lassen sich schon anhand ihrer Wurzellosigkeit als Wasserpflanzen erkennen.

▶ Sumpfpflanzen

Legt man 100 bis 150 im Handel angebotene Arten zugrunde, ist die Anzahl „echter" Wasserpflanzen mit etwa 30 Spezies nicht sehr hoch. Einige Arten, z.B. *Elodea*, *Hydrilla*, *Lagarosiphon* und *Najas*, kommen nur selten oder gar nicht in den Handel, obwohl sie anspruchslose Aquarienpflanzen sind. Deshalb wird man im Zoofachgeschäft im Wesentlichen Sumpfpflanzen erwerben, die sich nach dem Einpflanzen im Aquarium erst auf die Unterwasserkultur umstellen müssen: sie bilden neue Triebe und Blätter und können erst nach einer Phase der Eingewöhnung ihre biologischen Funktionen vollkommen erfüllen. Für die Einrichtung eines Aquariums, insbesondere für sehr geräumige Becken, ist es deshalb ratsam, sich von befreundeten Aquarianern zusätzlich schon unter Wasser kultivierte

sich „echte" Wasserpflanzen häufig aufgrund ihrer Zartheit und leichten Zerbrechlichkeit schlecht für den Transport, weshalb sie nur in geringer Zahl im Fachhandel angeboten werden.

Charakteristische Merkmale vieler Wasserpflanzen sind fein gegliederte oder zerschlitzte Blätter (Oberflächenvergrößerung), die zudem sehr dünn und weich sind. Das Festigungsgewebe von im Wasser lebenden Arten ist so schwach, dass ihre Blätter und Stängel außerhalb des

Pflanzen zu besorgen. Mit der Verwendung einer größeren Zahl schon „eingewöhnter" Pflanzen wirkt man zudem einem übermäßigen Algenwuchs entgegen.

Außer den amphibischen Sumpfpflanzen und „echten" Wasserpflanzen bietet der Fachhandel ferner eine kleine Zahl von Arten an, die sich überhaupt nicht für die Kultur unter Wasser eignen und besser als Zierpflanzen auf die Fensterbank gehören. Natürlich fragt man sich als ernsthafter Aquarianer, weshalb diese Zimmerpflanzen nicht aus dem Handelsangebot entfernt werden. Die Ursache hierfür liegt zweifellos im Käuferverhalten: Eine nicht unbeträchtliche Zahl von Aquarianern verlangt immer wieder nach den dekorativen *Dracaena*-Arten, buntblättrigen *Caladium*, *Dieffenbachia*, *Cordyline* und *Fittonia*, um nur einige zu nennen, selbst dann, wenn sie vom Fachhändler auf die Nichteignung für die Aquarienkultur hingewiesen werden. Es soll an dieser Stelle deutlich betont werden, dass diese Gewächse auf die Fensterbank, in ein Paludarium oder Terrarium gehören, aber nichts im Aquarium zu suchen haben!

Mit etwas Beobachtungsgabe lässt sich die Spreu leicht vom Weizen trennen: Für die Unterwasserkultur ungeeignete Pflanzen sind an das trockene Landleben durch

Die zarten Fiederblätter der Wasserfeder (*Hottonia palustris*), die umrahmt werden von *Cryptocoryne wendtii* und *Cryptocoryne walkeri*, deuten auf die Eignung als Aquarienpflanze hin.

Wasserblätter von Seerosen (hier von *Nymphaea daubenyana* mit Adventivpflanze) sind weich und zart.

die Ausbildung harter, dicker Stängel und meistens derber, lederartiger Blätter angepasst. Seien Sie vorsichtig beim Kauf von panaschierten und auffällig buntblättrigen Arten, denn bei diesen handelt es sich meistens nicht um Aquarienpflanzen!

In der unten stehenden Tabelle werden charakteristische Merkmale von Wasser-, Sumpf- und Landpflanzen einander gegenübergestellt, um die richtige Auswahl von Aquarienpflanzen zu erleichtern. Auf diese Weise soll der Erwerb von für die submerse Kultur völlig ungeeigneten Arten ausgeschlossen werden.

Die Beachtung der Unterscheidungsmerkmale in der Tabelle ermöglicht dem Käufer, im Fachhandel zu erkennen, welche Pflanzen unter und welche über Wasser vermehrt wurden, um daraus Rückschlüsse für ihre grundsätzliche Eignung als Aquarienpflanze zu ziehen. Manche Gärtnereien sind erfreulicherweise dazu übergegangen, emers herangezogene Stängelpflanzen kurz vor ihrem Verkauf für wenige Tage unter Wasser zu kultivieren. Die neu gebildeten Blätter zeigen die oben beschriebenen deutlichen Anpassungserscheinungen an das Leben im

Charakteristische Merkmale von Land- und Wasserpflanzen

Merkmal	„echte Wasserpflanzen", submers kultivierte Sumpfpflanzen	Landpflanzen, Zimmerpflanzen, emers kultivierte Sumpfpflanzen
Stängel	▸ gewöhnlich weich und dünn ▸ manchmal dickfleischig, aber weich (dann im Querschnitt mit vielen Luftkanälen und Luftspeichern, z. B. *Ammannia*, *Limnophila*) ▸ biegt sich um und kann außerhalb des Wassers nicht aufrecht stehen	▸ mehr oder weniger hart ▸ wenn dickfleischig, dann mit starrem Festigungsgewebe (z.B. *Hygrophila corymbosa*) ▸ außerhalb des Wassers aufrecht, nicht umknickend (gilt nicht für kriechend wachsende Arten)
Blätter	▸ immer zart, dünn, weich ▸ gelegentlich transparent, bandförmig, bullös, genoppt ▸ häufig zerschlitzt, fein gegliedert ▸ hängen außerhalb des Wassers schlaff herunter	▸ derb, lederartig, fest ▸ selten transparent, niemals bandförmig ▸ fast immer ungeteilt (ganzrandig) ▸ behalten außerhalb des Wassers ihre Position bei
Behaarung	▸ fehlt fast immer oder minimal	▸ fehlt oder deutlich zu sehen
Färbung	▸ fast immer einfarbig (einzelne Ausnahmen wie gefleckte *Echinodorus*-Sorten, virusinfizierte Pflanzen, gefleckte Seerosenblätter)	▸ häufig auffällig buntblättrig, panaschiert
Luftpolster	▸ nur an Schwimmpflanzen vorhanden	▸ nicht vorhanden

Wasser, und es ist von der grundsätzlichen Eignung dieser Pflanzen im Aquarium auszugehen. Sie wachsen ohne Eingewöhnung sofort weiter – vorausgesetzt, die Wachstumsbedingungen stimmen – und sollten für eine Neueinrichtung bevorzugt gekauft werden. Blattgestalt und Färbung der Wasserblätter ermöglichen dem Aquarianer zudem sofort eine richtige Einordnung in den Unterwassergarten, die ein späteres Umpflanzen erspart.

Bei den ausschließlich emers herangezogenen Pflanzen heißt es aufpassen beim Kauf, denn hier müssen Zimmerpflanzen von den Aquarienpflanzen getrennt werden. Über Wasser kultivierte Sumpfpflanzen können aber dennoch sehr empfehlenswerte Aquarienpflanzen sein. Für diese Arten muss aber sowohl eine Umstellungsphase berücksichtigt als auch eine Veränderung ihres Aussehens eingeplant werden.

▶ **Schwierige Auswahl**
Anhand der Tabelle auf S. 40 ist es dem Leser leichter möglich, für die submerse Kultur völlig unbrauchbare Arten von den

Aponogeton ulvaceus ist eine „echte" Wasserpflanze, was man leicht an den zarten und transparenten Blättern erkennen kann.

empfehlenswerten Aquarienpflanzen zu unterscheiden. Dennoch bleibt die schwierigste Frage: Wie findet man die für sein Aquarium geeigneten Gewächse aus dem umfangreichen Angebot des Handels heraus? Bilden die Beleuchtung des einzurichtenden Aquariums, die Wasserwerte, der Bodengrund, die Nährstoffverhältnisse und die Temperatur günstige Voraussetzungen für die Pflege der gewünschten Arten?

Der Umfang dieses Buches erlaubt es nicht, die Pflegeansprüche jeder einzelnen Art im Detail anzuführen; um dennoch eine schnelle Übersicht über die handelsüblichen Aquarienpflanzen zu ermöglichen, wurde die Tabelle auf den Seiten 138 bis 147 erarbeitet, in der auch die wichtigsten ökologischen Wachstumsfaktoren aufgenommen wurden. Es soll betont werden, dass diese Tabelle nur einen Überblick verschaffen, erste Hinweise geben, aber niemals vollständig sein kann. Ferner soll erwähnt werden, dass das handelsübliche Angebot, auf das sich die Tabelle beschränkt, nur etwa die Hälfte der von Pflanzenfreunden kultivierten Arten umfasst. Der über die Angaben in der Tabelle hinaus interessierte Aquarianer muss auf die weiterführende Literatur verwiesen werden.

Beide Wasserähren, der seltene *Aponogeton elongatus* (oben) aus Australien sowie *Aponogeton crispus* (hier in einer wenig bekannten rötlichen Farbform), lassen sich an den zarten Blättern leicht als Wasserpflanzen erkennen.

Pflanzenaquarien einrichten

Pflanzenaquarien einrichten

44 ▸ Am Anfang steht die Planung	64 ▸ Grundregeln für die Planung
44 ▸ Einen Bepflanzungsplan erstellen	66 ▸ Dekorative Aquarien mit Bepflanzungsplänen
46 ▸ Seiten- und Rückwände bepflanzen	76 ▸ Vorbereitung vor der Einrichtung
	76 ▸ Zuerst das Wasser, dann bepflanzen
50 ▸ „Lebende Steine" und bepflanzte Wurzeln	78 ▸ Aquarienpflanzen kaufen
	81 ▸ Schritt für Schritt gestalten
52 ▸ Pflanzenstraßen – eine hohe Kunst	83 ▸ Dekorationsmaterial bepflanzen
	87 ▸ Pflanzenstraßen gestalten
55 ▸ Solitärpflanzen als Blickfänge	88 ▸ Solitärpflanzen einsetzen
58 ▸ Empfehlenswerte Vordergrundpflanzen	90 ▸ Großwüchsige Pflanzen platzieren
	91 ▸ Vordergrundpflanzen einsetzen
61 ▸ Pflanzen für Mittel- und Hintergrund	92 ▸ Mittel- und Hintergrund gestalten
	97 ▸ Grundregeln für die Bepflanzung

Die Formen des Papageienblattes (*Alternanthera reineckii*) wachsen nur zufriedenstellend in gut beleuchteten Aquarien.

▸ **Am Anfang steht die Planung**

EINEN BEPFLANZUNGSPLAN ERSTELLEN ▸ Bevor man ein Pflanzenaquarium einrichtet, sollte immer eine Zeichnung erstellt werden, in der die persönlichen Vorstellungen über die Anordnung von Dekorationsmaterial und Pflanzen eingebracht werden. Ein solcher Bepflanzungsplan „zwingt" den Aquarienbesitzer gewissermaßen dazu, sich bei der Auswahl und dem Kauf von Pflanzen nicht nur von optischen Gesichtspunkten leiten zu lassen, sondern sich insbesondere mit ihren artspezifischen Kulturansprüchen zu befassen. Es sollte sorgfältig überlegt werden, ob die gewünschten Pflanzen überhaupt für das einzurichtende Aquarium geeignet sind.

Die wichtigsten Fragen, die vor dem Erwerb von Pflanzen geklärt werden müssen, sind:
▸ Welche Wachstumsvoraussetzungen (Lichtintensität, Bodengrund, Wasser, Temperatur usw.) müssen für die erfolgreiche Kultur der gewünschten Aquarienpflanzen gegeben sein?

Eine prächtige und schnellwüchsige Vordergrundpflanze ist das Zierliche Perlenkraut (*Hemianthus micranthemoides*), das hier in einer großen Gruppe als Pflanzenstraße verwendet wurde.

- Sind die ausgesuchten Arten schnell oder langsam wachsende Pflanzen?
- Wie hoch werden die einzelnen Arten, und wie viel Raum beanspruchen sie im Aquarium?
- Welchen Platz (Vorder-, Mittel- oder Hintergrund, Bepflanzung von Dekorationsgegenständen) sollen die einzelnen Gruppen im Aquarium einnehmen?
- Welche Arten sollen als Solitär, welche als Gruppen gepflanzt werden? Wie groß sollen die Gruppen sein?
- Wie ist das Aussehen (Gestalt und Färbung) der Pflanzen unter Wasser?
- Welche Gewächse harmonieren farblich und gestalterisch miteinander?
- Passen die gewünschten Pflanzen zum Fischbesatz?

Vor dem Kauf von Pflanzenmaterial gibt es also einige Fragen, die geklärt werden müssen. Leider halten viele Aquarianer, für die eine ausdrucksstarke Bepflanzung von untergeordneter Bedeutung ist oder die schon über sehr viel Erfahrung im Umgang mit Pflanzen verfügen, die Erstellung eines Bepflanzungsplanes vor der Einrichtung ihres Aquariums für unnötig.

Obwohl ich selbst schon viele Aquarien eingerichtet habe, mache ich mir noch heute vor jeder Einrichtung eine Zeichnung und überlege sehr sorgfältig, welche Arten und in welcher Menge sie zur Verfügung stehen und wie ihre Wirkung im Zusammenspiel mit anderen Gewächsen ist.

Eine solche Skizze ist keineswegs nur für große Aquarien sinnvoll, sondern sollte auch schon für kleine Becken angefertigt werden. Eine sorgfältige Planung erspart viel „Lehrgeld" und böse Überraschungen. Die Erstellung eines Bepflanzungsplanes hat insbesondere auch den Vorteil, dass man bei der Verwendung einer größeren Artenzahl nicht den Überblick verliert und auch gegen Ende der Einrichtung keine Pflanzen übrig bleiben, die nirgends mehr so richtig hinpassen. Ein lohnender Nebeneffekt ist das schnelle Erlernen von deutschen und wissenschaftlichen Namen, die für einen Erfahrungsaustausch mit anderen Aquarianern erforderlich und hilfreich sind.

Fast immer sind die im Fachhandel angebotenen Gewächse mit Namensschildern versehen, sodass Sie Ihre Auswahl gezielt und nicht auf gut Glück treffen müssen. Ein gut bebildertes Pflanzenbuch, das Gestalt und Färbung der jeweiligen Arten *unter* Wasser zeigt und aus-

TIPP

Ein unüberlegter Pflanzenkauf bringt oftmals Enttäuschungen. Eine sorgfältige Planung ist deshalb ein wichtiger Schritt zum Erfolg!

Speerblatt (*Anubias*) und Javafarn (*Microsorum*) eignen sich ausgezeichnet für die Bepflanzung von Rückwänden. Das Material muss aber so weich sein, dass es sich auch bepflanzen lässt.

führlich über ihre Kultur informiert, leistet bei der richtigen Auswahl wertvolle Hilfe. Scheuen Sie sich nicht, dieses Buch mit in den Zoofachhandel zu nehmen, damit Sie notfalls vor Ort Ihre Auswahl korrigieren oder ändern können, wenn die gewünschten Pflanzen nicht vorrätig sind. Bemerkt der Zoofachhändler, dass Sie nicht wahllos, sondern gezielt kaufen, wird er Sie sorgfältiger und umfassender beraten, denn er ist an zufriedenen Kunden interessiert.

SEITEN- UND RÜCKWÄNDE BEPFLANZEN ▶ Erst seit wenigen Jahren wird der Gestaltung von Seiten- und Rückwänden größere Beachtung geschenkt. Früher wurden die Rückwände meistens schwarz gestrichen, um die Tiefenwirkung der Aquarien zu erhöhen und einen möglichst hohen Kontrast zu farbenprächtigen Fischen und Pflanzen zu schaffen. Viele Aquarien wiesen eine Hochglanz-Fotofolie mit Pflanzenimitationen an der Rückwand-Außenscheibe auf, um damit auch in spärlich begrünten Aquarien den Eindruck einer dichten Bepflanzung vorzutäuschen. Mittlerweile sind aber die Ansprüche an eine lebendige Gestaltung des Hintergrundes beträchtlich gestiegen, und der Zoofachhandel bietet inzwischen eine breite Auswahl an attraktiven Rückwandtypen an, weshalb man auf die langweiligen Fotofolien ganz verzichten kann.

Beeindruckend sind die farblich und gestalterisch naturnahen Rückwände aus Kunststoff, die zuerst unter dem Namen „Back-to-Nature" vertrieben wurden, inzwischen aber in unterschiedlichen Ausführungen von mehreren Firmen angeboten werden. Allerdings haben diese ungewöhnlich wirkungsvollen Rückwände nicht nur einen stolzen Preis, sondern eignen sich aufgrund ihrer Reliefgestaltung nur für besonders tiefe und geräumige Aquarien. Ein großer Nachteil ist ferner ihr verhältnismäßig steifes Material, das eine Begrünung unmöglich macht. Auch gibt es in Aquarienzeitschriften immer wieder nützliche Hin-

Seitenwände aus Styropor lassen sich am besten mit *Anubias barteri* var. *nana* dekorieren. Schon nach einigen Monaten war diese Seitenwand so dicht bewachsen, dass von dem Untergrund nichts mehr zu sehen war.

bündig aneinander liegen, damit sich kein Zwischenraum bildet, in den sich Fische verirren können. Für die Bepflanzung mit Speerblättern, Farnen und Moosen eignet sich nur solches Material, das ausreichend weich ist und eine Anheftung der Pflanzen ermöglicht.

Seit Jahren bei der Verfasserin in der Praxis bewährt, dekorativ und erschwinglich sind passend zugeschnittene Styroporplatten, die entweder fertig strukturiert gekauft werden oder in die mit einem Gasbrenner (im Baufachmarkt erhältlich) oder notfalls auch mit einer Kerze oder einem Lötkolben ein reliefartiges Muster geflammt und danach mit einer ungiftigen schwarzen Kunststoff-Latexfarbe (Volltonfarbe) für wetterbeständige Außenanstriche mehrmals gestrichen werden. Bei den Platten, die für die Seitenscheiben verwendet werden, ist eine leichte Abschrägung der vorderen Kanten empfehlenswert, um einen harmonischen Übergang von der Frontscheibe zu erreichen. Ferner müssen Aus-

weise zur Gestaltung von Rückwänden. Fast immer aber wird ein Material empfohlen, das so hart und steif ist, dass es sich nicht für eine Bepflanzung eignet.

In einem abwechslungsreich dekorierten Aquarium sollte aber gerade der Bepflanzung der Seiten- und Rückwände besondere Beachtung geschenkt werden.

Der Fachhandel bietet geeignete Strukturplatten aus verschiedenen Materialien, beispielsweise aus gepresstem Naturkork, an. Bei ihrer Anbringung im Aquarium müssen Dekorwand und Glasscheibe

Auch für Aquarien, die von Kindern betreut werden, ist die Verwendung von Styropor ideal. Gemeinsam lassen sich die Rückwände vorbereiten. Das Streichen macht Kindern besonderen Spaß, und sie haben eine Möglichkeit, aktiv mitzuwirken.

sparungen für technische Geräte gelassen werden. Aufgrund des hohen Auftriebes von Styropor müssen die Platten entweder auf die Innenscheiben des Aquariums geklebt oder, besser noch, so eingebracht werden, dass sie durch die Glasverstrebungen des Beckens gehalten werden. Styropor verrottet nicht und bildet jahrelang einen dekorativen Untergrund für eine vielfältige und ungewöhnliche Begrünung.

Unabhängig davon, für welches Dekorationsmaterial Sie sich entscheiden: Wichtig ist nur, dass es so weich ist, dass es sich auch bepflanzen lässt. Denn zweifellos haben begrünte Dekorwände einen besonderen Reiz. Für ihre Bepflanzung eignen sich besonders gut kleinblättrige Formen und Sorten des Javafarns (*Microsorum pteropus*), das Zwergspeerblatt (*Anubias barteri* var. *nana*) sowie mit etwas Geschick auch Javamoos.

Für eine schnelle Erstbegrünung lassen sich leicht Adventivpflanzen des Javafarns verwenden, die man bei gutem Wachstum in größeren Mengen an älteren Blättern findet. Sind die Exemplare nach einigen Monaten zu groß geworden, sollten sie durch kleinere ersetzt werden, um die attraktive Wirkung der Dekorationswand zu erhalten.

Zahlreiche Versuche der Verfasserin mit verschiedenen Pflanzenarten zeigten, dass sich das Zwergspeerblatt, *Anubias barteri* var. *nana*, am besten für eine dauerhafte Begrünung von Seiten- und Rückwänden eignet. Für die Bepflanzung werden kurze und wenig beblätterte Rhizomstücke verwendet, deren Wurzeln aus optischen Gründen vollständig entfernt werden, wodurch das Wachstum nur kurze Zeit beeinträchtigt wird. Die Rhizome werden mit etwa zwei Zentimeter langen gebogenen Stücken aus steifem PVC-beschichtetem Draht (möglich sind auch halbierte schwarze Büroklammern) auf das Dekormaterial geheftet. Schon nach wenigen Tagen haben sich die Blätter zum Licht gerichtet, und es bilden sich neue, senkrecht wachsende

Der Javafarn (*Microsorum pteropus*) eignet sich hervorragend für die Bepflanzung von Wurzeln und Steinen.

Wurzeln, die auf dem Styropormaterial festwachsen, kaum zu sehen sind und deshalb nicht störend wirken. Die Befestigungsklammern können – müssen aber nicht – nach dem Anwachsen entfernt werden.

Da das Zwergspeerblatt verhältnismäßig langsam gedeiht, ist eine dergestalt bepflanzte Dekorationswand jahrelang wenig pflegebedürftig. Gelegentlich sollten zu weit ins Becken hineinragende Rhizome abgeschnitten werden (an den Schnittstellen treiben diese Rhizomstücke wieder aus), die dann wiederum für eine weitere Begrünung dienen können. Die Verfasserin konnte auf diese Weise mit nur wenigen Ausgangsrhizomen innerhalb von zwei Jahren die Seitenwände von vier großen Aquarien mit *Anubias* bepflanzen.

Der Gestaltung der Seitenwände muss besondere Aufmerksamkeit geschenkt werden, denn diese werden später immer gut sichtbar sein. In dicht bepflanzten Aquarien ist natürlich eine Begrünung der Rückwand nicht unbedingt erforderlich.

Ein Tipp für die Pfleger größerer Buntbarsche: Viele Cichliden fressen mit Vorliebe weiche Pflanzen, weshalb Buntbarschaquarien oftmals einfallslos oder gar nicht bepflanzt sind. Farbenprächtige Fische kommen aber zweifellos in bepflanzten Aquarien besser zur Geltung und fühlen sich dort auch wohler, weil sie mehr Versteckmöglichkeiten vorfinden und Reviere bilden können. Den Freunden von Pflanzen fressenden Fischen, die in der Regel die lederartigen Blätter von *Anubias* verschmähen, möchte ich die hier beschriebenen, wirkungsvoll dekorierten Seiten- und Rückwände besonders empfehlen. Auch ein Buntbarschaquarium kann mit wenigen Pflanzenarten und etwas Geschick eine abwechslungsreiche Begrünung aufweisen!

Sind Rückwand und Seitenscheiben dekorativ gestaltet und bepflanzt, ist schon ein wesentlicher Beitrag zu einer harmonischen Unterwasserlandschaft

Auch *Anubias barteri* 'coffeefolia' lässt sich gut für die Begrünung von Dekorationsmaterial verwenden.

getan. Nicht immer aber ist es sinnvoll oder erwünscht, die Seitenscheiben mit einer Dekorationswand zu versehen und zu bepflanzen. In solchen Fällen lassen sich Vallisnerien oder ähnlich aussehende Arten gut zum Kaschieren der kahlen Glasscheiben einsetzen.

„LEBENDE STEINE" UND BEPFLANZTE WURZELN ▶ Gut bepflanzte Aquarien benötigen außer einer dekorativen Seiten- und Rückwandgestaltung nur noch wenig weitere Dekorationsmaterialien wie Steine und Holzwurzeln. Denn allein durch eine geschickte Gruppierung unter Verwendung des Formen- und Farbenreichtums der Pflanzen lässt sich eine abwechslungsreiche Gestaltung erzielen, bei der sich zugleich viele Versteckmöglichkeiten für Fische ergeben.

Eine Dekoration nur mit Pflanzen erfordert aber viel Fingerspitzengefühl und Erfahrung. Deshalb ist es besonders für die Ersteinrichtung eines Aquariums empfehlenswert, hier und da auch Steinaufbauten und Holzwurzeln zu verwenden, die gegebenenfalls später durch Pflanzen ersetzt werden. Zweifellos wirkt

Mit Moosen begrünte Moorkienwurzeln haben einen besonderen Reiz.

Microsorum pteropus 'Windeløv', eine besonders dekorative Sorte des Javafarnes, bildet, aufgebunden auf einem Stein, einen prächtigen Blickfang.

es naturnah und abwechslungsreich, wenn gelegentlich einmal eine Holzwurzel aus den Pflanzen herausschaut. Leicht besteht jedoch die Gefahr, dass ein Aquarium mit Dekorationsgegenständen überladen wirkt und die Bepflanzung in den Hintergrund rückt. Insbesondere dürfen Moorkienholzwurzeln nur sparsam verwendet werden, da sie Huminstoffe an das Wasser abgeben können und es bräunlich färben; die Folge ist eine deutlich verminderte und im Spektrum verschlechterte Lichtintensität, die sich negativ auf das Pflanzenwachstum auswirkt. Ein häufiger Wasserwechsel ist die notwendige Konsequenz. Der Handel bietet seit wenigen Jahren auch Mangrovenwurzeln an, die nicht mehr ausgekocht werden müssen, weil sie das Wasser nur gering färben und zudem so schwer sind, dass sie entweder sofort oder nach wenigen Tagen von selbst auf den Bodengrund sinken. Deshalb sind diese Wurzeln besser geeignet als Moorkienholzwurzeln.

Oftmals möchte der Aquarianer auch Steine, z. B. zur Erstellung von Terrassen, verwenden. Die meisten Steinaufbauten wirken allerdings wenig natürlich, denn es ist gar nicht so leicht, einigermaßen naturgetreue Steine zu bekommen.

Sowohl Holzwurzeln als auch Steinaufbauten sollten zumindest teilweise bepflanzt werden. Am besten eignen sich dafür Farne (zum Beispiel Javafarn, *Microsorum pteropus*, und der Kongo-Wasserfarn, *Bolbitis heudelotii*), Javamoos sowie die Varietäten des Speerblattes, *Anubias barteri*. Die genannten Pflanzen werden mit farblosem Nähgarn oder einer dünnen Angelsehne auf dem Untergrund festgebunden und wachsen mit der Zeit darauf fest.

Eine ungewöhnliche Bepflanzung bilden auch die in jüngster Zeit eingeführten Algenbälle oder Seeknödel, *Cladophora aegagropila*, die aufgrund ihres gewöhnlich hohen Auftriebes zwischen Steinen festgeklemmt werden müssen. Interessant sehen auch mit dem Flutenden Teichlebermoos (*Riccia fluitans*) dekorierte Steine aus, die aber eine besondere und regelmäßige Pflege benötigen.

Auch ein mäßiges Algenwachstum auf Dekorationsmaterial ist natürlich und sollte nicht entfernt werden. Für viele

Modisch und wirkungsvoll sind mit Teichlebermoos (*Riccia fluitans*) bepflanzte Steine.

Eine reizvolle und ungewöhnliche Dekoration sind mit Algenbällen (*Cladophora aegagropila*) begrünte Steine. Algenbälle sind gelegentlich im Fachhandel erhältlich.

Fischarten sind Algen zudem eine wichtige Nahrungsquelle, für andere sind sie die Lebensgrundlage schlechthin, so zum Beispiel für viele farbenprächtige Buntbarsche aus den großen afrikanischen Grabenseen Tanganjika, Malawi und Viktoria, die von Aquarianern gepflegt und erfolgreich vermehrt werden. Hinzu kommt, dass veralgte Steine und Wurzeln sehr dekorativ wirken können. Belassen Sie deshalb möglichst die Algen auf den Dekorationgegenständen!

Natürlich richtet sich die Entscheidung, welches und wie viel Dekorationsmaterial Sie verwenden, ganz nach Ihrem persönlichen Geschmack. Bedenken Sie aber, dass Wurzeln und Steine nur dann naturnah aussehen, wenn sie sparsam verwendet werden und etwas veralgt sind, aber auch teilweise bepflanzt werden.

PFLANZENSTRASSEN — EINE HOHE KUNST ▶ Schon vor vielen Jahren gelangten die niederländischen Aquarien durch ihren prächtigen Pflanzenwuchs zu Weltruhm, und sie sind noch heute ein Inbegriff mustergültig bepflanzter Becken. Das wesentlichste Element eines typischen niederländischen Pflanzenaquariums bildet eine „Pflanzenstraße", die in der Regel aus vielen Stecklingen einer Art besteht und von vorn schräg nach hinten in stufiger Anordnung verläuft. Eine solche Gruppierung erhöht nicht nur auf erstaunliche Weise die Tiefenwirkung des Aquariums, sondern hat auch eine beachtliche optische Ausstrahlung; deshalb sollte eine derartige Pflanzenstraße insbesondere in größeren Aquarien nicht fehlen. Für die Planung ist zu beachten, dass die Straße niemals genau von der Mitte der Frontscheibe ausgehen darf, denn dadurch würde das Aquarium optisch in zwei Hälften zerfallen und die Gesamtwirkung beeinträchtigt werden.

Damit die Straße nicht schon nach wenigen Tagen aus dem Gleichmaß gerät und neu gesteckt werden muss, werden gewöhnlich nur langsam wachsende Arten eingesetzt. Wer eine solche Straße zum ersten Mal pflanzt, sollte hierfür die anspruchslose Kardinalslobelie, *Lobelia cardinalis*, einplanen, die auch bei gerin-

Die klassische Variante: Eine Pflanzenstraße aus vielen Sprossen der Kardinalslobelie (*Lobelia cardinalis*).

ger bis mittlerer Beleuchtungsintensität und sowohl in weichem als auch hartem Wasser noch gut gedeiht und sich leicht vermehren lässt. Lichtbedürftiger ist der Eidechsenschwanz, *Saururus cernuus*, der ebenfalls für diesen Zweck geeignet ist. Die Verwendung der beiden genannten Arten hat insbesondere den Vorteil, dass sie wenig Pflegeaufwand erfordern und die Stecklinge je nach Schnelligkeit des Wachstums nur alle drei bis sechs Wochen gekürzt werden müssen.

Wer schon etwas mehr Erfahrung mit der Anordnung von Pflanzenstraßen besitzt, kann auch die bei guten Wachstumsbedingungen schnellwüchsigen Spezies *Alternanthera reineckii* (Papageienblatt) und *Hygrophila corymbosa* (Wasserfreund) ausprobieren. Aber auch viele andere Stängelpflanzen, so zum Beispiel die rotblättrigen *Ammannia*-Arten und die verschiedenen Sorten von *Alternanthera reineckii* (Papageienblatt) lassen sich für die Gestaltung einer Pflanzenstraße einsetzen und sind in Kombination mit hellgrünen *Hygrophila corymbosa* (Wasserfreund), *Didiplis diandra* (Bachburgel) oder *Hemianthus micranthemoides* (Zierliches Perlenkraut) eine Augenweide. Die Verwendung von schnell wachsenden Stängelpflanzen für eine Pflanzenstraße hat aber den gravierenden Nachteil, dass die Sprosse jede zweite oder dritte Woche neu angeordnet werden müssen und somit der Pflegeaufwand sehr hoch ist.

Die optische Wirkung einer Pflanzenstraße ist zwar dann besonders groß, wenn diese kontinuierlich nach hinten ansteigt, weshalb hierfür in der Regel Stängelpflanzen verwendet werden, doch warum sollte der versierte Pflanzenfreund nicht einmal von der klassischen Ausführung abweichen und etwas anderes versuchen? Fantasie und Fingerspitzengefühl sind gefragt!

So lassen sich mit etwas Geschick auch solche Arten für die Anordnung einer Pflanzenstraße verwenden, die einen rosettenförmigen Wuchs aufweisen. Eine ungewöhnliche Dekoration, die aber viel Erfahrung im Umgang mit Pflanzen und ihrer Vermehrung voraussetzt, bilden zum Beispiel Pflanzenstraßen aus Brachsenkraut, *Isoetes velata*, das zuvor durch Aussaat von Sporen (was

Ungewöhnlich und abwechslungsreich: Zu der Pflanzenstraße aus *Alternanthera reineckii* (Papageienblatt) wurde eine parallel verlaufende Gruppierung aus *Blyxa japonica* (Fadenkraut) gesetzt.

Zwei parallel verlaufende Pflanzenstraßen, deren Gestaltung Erfahrung und Geschick erfordert: Im Vordergrund *Cryptocoryne moehlmannii*, dahinter eine aus Sporen herangezogene Gruppe des Brachsenkrautes (*Isoetes velata*).

Diese unterschiedlich großen Adventivpflanzen der Schwertpflanze *Echinodorus uruguayensis* bilden hier als Pflanzenstraße einen auffälligen Blickfang – aufgrund des schnellen Wachstums allerdings nur für wenige Monate.

sehr einfach möglich ist) in der Landkultur in größeren Mengen herangezogen wird, oder auch aus den Schwertpflanzen *Echinodorus parviflorus* und *E. uruguayensis*, die zuvor durch Adventivpflanzen vermehrt werden. Die Ergebnisse sind ganz ungewöhnliche und reizvolle Bepflanzungen. Die Verwendung von Arten mit grundständiger Blattrosette hat den Vorteil, dass sich diese Straßen viele Wochen lang nur wenig verändern und deshalb nicht regelmäßig neu gesteckt werden müssen.

Einen auffälligen und wirkungsvollen Blickfang bildet eine zweite, parallel verlaufende Straße, wenn diese aus Pflanzen besteht, die in ihrer Färbung und Struktur deutlich kontrastieren. Die Gestaltung paralleler verlaufender Pflanzenstraßen im Aquarium ist sehr schwierig, und der Aquarianer muss regelrecht künstlerisches Geschick beweisen. Ihr Gelingen wird aber durch eine ungewöhnlich ausdrucksstarke Wirkung belohnt.

Grundsätzlich fordert die Anordnung

von Pflanzenstraßen viel Fingerspitzengefühl und Kenntnisse im Umgang mit Pflanzen. Ihre zufriedenstellende Ausführung ist daher eine hohe Kunst. Geben Sie deshalb nicht gleich auf, wenn Sie mit dem Ergebnis unzufrieden sind, sondern probieren Sie immer wieder eine neue Gruppierung! Farben- und Formenreichtum der zahlreichen angebotenen Aquarienpflanzen ermöglichen viel Gestaltungsspielraum und setzen Ihren Experimenten keine Grenzen!

SOLITÄRPFLANZEN ALS BLICKFANG ▶

Die wirkungsvolle Ausstrahlung eines prächtigen Unterwassergartens wird in besonderer Weise durch das Einsetzen von Solitärpflanzen geprägt. Mit diesem Begriff werden solche Arten bezeichnet, die sich am besten einzeln verwenden lassen und dann durch ihre auffällige Gestalt und Größe und/oder ungewöhnliche Färbung einen besonderen Blickfang bilden. Im Gegensatz dazu gibt es Gruppenpflanzen, worunter man nur solche Arten versteht, die als Gruppe eine hohe optische Wirkung haben.

Solitärpflanzen sollten von Anfang an in einem Bepflanzungsplan berücksichtigt werden. Wichtig ist dabei, dass eine Solitärpflanze nicht direkt in der Mitte des Aquariums platziert wird, weil sonst das Aquarium optisch in zwei symmetrische Hälften zerfallen und dann seine Wirkung deutlich negativ beeinträchtigen würde.

Die meisten Solitärpflanzen zeichnen sich durch eine dicht beblätterte Rosette aus und werden bei optimalem Wachstum sehr umfangreich und hoch, weshalb sie am besten in größeren Aquarien ab etwa 150 l Inhalt und mindestens 45 cm Höhe zur Geltung kommen. Ihre schönste Wirkung entfalten sie aber meistens erst in noch größeren Aquarien. Aber auch in sehr geräumigen Becken sollten Solitärpflanzen nur sparsam eingesetzt werden.

Nur wenige Stängelpflanzen, beispielsweise *Eichhornia azurea*, eignen sich als Solitär.

Diese Farbform von *Ottelia ulvifolia* (links) sowie *Eichhornia azurea* sind zwei prächtige Solitärpflanzen.

Die meisten Solitärpflanzen, insbesondere die großwüchsigen *Echinodorus*-Arten (Schwertpflanzen), haben bei kräftigem Wachstum nicht nur einen beträchtlichen Raumbedarf, sondern beschatten durch ihren ausladenden Wuchs auch die darunter wachsenden Pflanzen. Das hat zur Folge, dass unter ihren langen Blättern nur solche Arten ausreichend gedeihen, die mittlere oder geringe Lichtansprüche stellen. Diesem Aspekt muss schon bei der Planung Rechnung getragen werden: Lichtliebende Pflanzen sollten also möglichst nicht in die Nähe von Solitärpflanzen gesetzt werden. Um eine zu starke Beschattung der umgebenden Pflanzen zu vermeiden, müssen die äußeren Blätter stark wachsender Solitärpflanzen regelmäßig entfernt werden.

Eine wirksame und leicht durchführbare Methode zur Verringerung eines zu ausladenden Wuchses besteht darin, die grundständige Blattrosette – beispielsweise von *Echinodorus uruguayensis* – mittels einer Schnur oder Plastikklammer am Grunde dergestalt zusammenzuhalten, dass die äußeren Blätter stärker aufgerichtet werden. Auf diese Weise entsteht zudem ein kompakteres Aussehen der Solitärpflanze. Natürlich sollte die Schnur oder Klammer so angebracht sein, dass sie nicht zu sehen ist und die Pflanze nicht beschädigt wird.

Zu den empfehlenswerten Solitärpflanzen für geräumige Aquarien zählen insbesondere die Schwertpflanzen *Echinodorus bleheri*, *E. cordifolius* und *E. uruguayensis*, aber auch einige *Echinodorus*-Sorten wie *Echinodorus* 'Rubin'. Wirkungsvoll sind auch die Farbformen der Tigerlotus, *Nymphaea lotus*, die auf einem nährstoffarmen Bodengrund, aber auch in den Vorder- oder Mittelgrund gepflanzt werden können. Eine ungewöhnliche Solitärpflanze ist *Crinum calamistratum*, deren erfolgreiche Pflege einen nährstoffreichen und mindestens sieben Zentimeter hohen Bodengrund voraussetzt. In besonders hohen und geräumigen Aquarien bildet auch *Crinum natans* einen wirkungsvollen Blickfang.

Auch aus der Gattung *Aponogeton* eig-

Die Tigerlotus (*Nymphaea lotus*) lässt sich in magerem Bodengrund auch einige Wochen lang im Vordergrund verwenden, wo sie einen abwechslungsreichen Kontrast zu hellgrünen Pflanzen bildet.

Die Sorte *Echinodorus* 'Dschungelstar' Nr. 3 ist eine ungewöhnliche Solitärpflanze für den Mittelgrund.

nen sich einige Arten als Blickfang; allerdings ist ihre Kultur mehr dem erfahrenen Aquarianer vorbehalten, der die notwendigen Wachstums- und Ruhezeiten, die bei den meisten Wasserähren berücksichtigt werden müssen, kennt.

Für Aquarien ab 150 l Inhalt sind ins-

Die Hakenlilie *Crinum natans* (hier mit fast glatten Blattspreiten) ist ein schöner Solitär für sehr geräumige Aquarien.

Diese kleinwüchsige Form der Wasserähre *Aponogeton ulvaceus* mit violetten Blütenständen eignet sich auch als Solitär für die Bepflanzung des Mittelgrundes.

TIPP

Wasserährengewächse (Aponogeton) benötigen in den meisten Fällen eine besondere Pflege. Deshalb ist es erforderlich, sich vor ihrem Erwerb über die artspezifische Haltung zu informieren.

besondere *Aponogeton ulvaceus* und *A. longiplumulosus* zu empfehlen. Eine für den Einsteiger und zudem für kleinere Becken geeignete Wasserähre ist *Aponogeton crispus*, denn die Knollen dieser Art müssen nicht zu jeder Ruhezeit, sondern nur hin und wieder außerhalb des Aquariums bei Zimmertemperatur feucht gelagert werden.

Grundsätzlich sollte man sich für die Pflege von *Aponogeton*-Arten vor dem Kauf in der Fachliteratur über ihre artspezifischen Ansprüche informieren.

Die Gestaltungsmöglichkeiten mit Solitärpflanzen sind in kleineren Aquarien mit weniger als 100 l Inhalt begrenzt, da Solitäre zu stark dominieren würden. Als „Ersatz" sind aber kleine Exemplare der anspruchslosen Schwertpflanzen *Echinodorus parviflorus* und *E. bleheri* zu empfehlen; aber auch die Sorten *Echinodorus* 'Ozelot' und *E.* 'Rosé' sind geeignet, allerdings lichtbedürftiger als die beiden zuvor genannten Spezies. Besonders dekorativ wirkt in kleinen Aquarien die rotblättrige *Barclaya longifolia*, die aber zu den anspruchsvollen, lichtbedürftigen Arten zählt.

Auch Aquarien mit weniger als 60 l Inhalt können eine dekorative Bepflanzung aufweisen, auf typische Solitärpflanzen wird man aber weitestgehend verzichten müssen. Ausschlaggebend für die Wirkung von kleineren bepflanzten Behältern ist die Verwendung von nur wenigen Arten in möglichst großen Gruppen.

EMPFEHLENSWERTE VORDERGRUNDPFLANZEN ▶ Die wirkungsvolle Gestaltung des Vordergrundes ist eine der schwierigsten Aufgaben überhaupt bei der Bepflanzung eines Aquariums. Gelingt eine harmonische Einteilung der vorderen Zone, ist die übrige Dekoration nicht mehr schwierig. Für den Vordergrund werden im Allgemeinen kleinwüchsige Arten bis zu einer Wuchshöhe von 10 cm verwendet, denn zu hohe Pflanzen im Vordergrund verdecken nicht nur die Sicht auf den Hintergrund und behindern somit die Beobachtung der Fische, sondern verringern auch die Tiefenwirkung des Beckens.

Insbesondere in größeren Aquarien zeichnet sich eine abwechslungsreiche Begrünung aber dadurch aus, dass von diesem Prinzip gelegentlich abgewichen wird und mittelhohe Pflanzen, die aber möglichst nicht über die Hälfte der Aquarienhöhe hinauswachsen sollten, sich mit Arten geringer Wuchshöhe abwechseln.

Mittelhohe Pflanzen lassen sich sowohl geschickt in den Randbereichen des Vordergrundes einsetzen als auch zur Trennung von klein bleibenden, ähnlich aussehenden Arten. Möchte man zum Beispiel die grasartigen *Echinodorus tenellus* und *Lilaeopsis*-Arten im Vordergrund verwenden, so empfiehlt es sich, diese durch eine kleine Gruppe farblich und habituell abweichender Pflanzen zu trennen (z. B. durch hellgrünes, kleinblättriges Perlenkraut, *Hemianthus micranthemoides*, oder großblättrige Kardinalslobelie, *Lobelia cardinalis*, aber auch alle rotblättrigen Gewächse), um auf diese Weise einen hohen Kontrast zu erzielen und jede Pflanzengruppe eindrucksvoll herauszustellen.

Die Auswahl an schnell- und gutwüchsigen und zugleich anspruchslosen Vordergrundpflanzen ist sehr eingeschränkt. Empfehlenswert sind in erster Linie die Ausläufer bildenden Schwertpflanzen *Echinodorus tenellus* und *E. quadricostatus* sowie das Kleine Pfeilkraut, *Sagittaria subulata*. Diese Arten bilden auch bei mittleren Lichtverhältnissen in wenigen Wochen einen dichten „Rasen". Ebenso anspruchslos sind die Nadelsimse, *Eleocharis acicularis*, der Wassernabel, *Hydrocotyle verticillata*, sowie die verschiedenen *Lilaeopsis*-Arten, von denen immer eine größere Menge gekauft werden sollte, da sich diese Gewächse nur sehr langsam vermehren. Fadenalgen, die schnell Vordergrundkulturen überwuchern können, müssen regelmäßig entfernt werden.

Dekorativ sehen im Vordergrund auch

Eine größere Gruppe der Cognacpflanze (*Ammannia gracilis*) bildet besonders dann einen prächtigen Anblick, wenn diese kontrastreich umrahmt wird von hellgrünem Perlenkraut (*Hemianthus micranthemoides*) im Vordergrund und Indischem Wasserwedel (*Hygrophila difformis*) im Hintergrund.

Wasserkelche, wie hier *Cryptocoryne beckettii*, sind ideale Vordergrundpflanzen, die aber immer in einer größeren Gruppe eingesetzt werden sollten.

die Wasserkelche *Cryptocoryne beckettii, C. parva, C.* x *willisii, C. wendtii* und *C. walkeri* aus, die ebenfalls nur langsam gedeihen, sich aber mit einer geringen bis mittleren Lichtintensität begnügen und auch an natürlichen Standorten an schattigen und schattig-sonnigen Plätzen wachsen.

Eine uneingeschränkt empfehlenswerte Vordergrundpflanze ist schließlich das Zwergspeerblatt, *Anubias barteri* var. *nana*, das schon für die Bepflanzung von Seiten- und Rückwänden genannt wurde und sich auch für die ausschließliche Bepflanzung kleiner Aquarien eignet.

Sehr lichtbedürftig und nur für den erfahrenen Aquarianer zu empfehlen ist dagegen das Zungenblatt, *Glossostigma elatinoides*, das seit der Kenntnis über die Gestaltung von japanischen Aquarien (siehe Seite 126) auch in Europa wieder vermehrt erhältlich ist.

Für die Bepflanzung von Aquarien ab

Derzeit in Mode ist die Verwendung des Australischen Zungenblattes (*Glossostigma elatinoides*) als Vordergrundpflanze. Die Art ist aber sehr lichtbedürftig.

Diese kleinwüchsige Seerose, *Nymphaea glandulifera*, vermehrt sich durch Ausläufer. Dennoch ist diese Vordergrundpflanze sehr selten.

etwa 200 l Inhalt ist die Auswahl an Vordergrundpflanzen bedeutend größer, denn es lassen sich auch noch solche Arten verwenden, die über eine Wuchshöhe von 10 cm hinausgehen und eigentlich schon zu den Mittelgrundpflanzen zählen. Größere Aquarien erlauben somit vielfältigere Gestaltungsmöglichkeiten und sind leichter zu bepflanzen!

Bei allen Überlegungen zur farblichen und gestalterischen Bepflanzung steht zuerst die Berücksichtigung der Lichtbedürfnisse der einzelnen Arten im Vordergrund. Schattenliebende Wasserkelche (*Cryptocoryne*) und Speerblätter (*Anubias*) müssen mehr an die Randzonen des Aquariums gesetzt oder können von hoch wachsenden Arten (beispielsweise in der Nähe von Rosetten bildenden Solitärpflanzen) überragt werden, dagegen benötigen lichtbedürftige Aquarienpflanzen einen hellen und unbeschatteten Standort.

PFLANZEN FÜR MITTEL- UND HINTERGRUND ▶ Nach den Überlegungen zur Gestaltung von Seiten- und Rückwänden, Bepflanzung von Dekorationsmaterial, Anordnung von Pflanzenstraßen, Auswahl von Solitärpflanzen und geeigneten Vordergrundarten bleibt noch die Dekoration des Mittel- und Hintergrundes, für die eine große Zahl an Stängelpflanzen und Rosetten bildenden (grundständigen) Arten zur Verfügung steht. Auch bei ihrer Auswahl sollte sorgfältig überlegt werden, ob Färbung und Struktur der gewünschten Spezies zueinander passen und wirkungsvolle Kontraste bilden.

Wesentlich für ihre richtige Auswahl ist insbesondere die Wuchshöhe, die die einzelnen Arten im Aquarium erreichen. Deutliche Hinweise hierauf liefert im Allgemeinen die Blattgröße. Fast alle kleinblättrigen Arten lassen sich am besten im Vordergrund oder in der Mittelzone verwenden, dagegen gehören großblättrige Stängelpflanzen eher in den Hintergrund oder können auch die Seitenbepflanzung des Aquariums bilden. Die Entscheidung, welchem Bereich die jeweiligen Arten zuzuordnen sind, ist deshalb nicht besonders schwer. Informationen über die Wuchshöhe der einzelnen Arten können der Tabelle auf den Seiten 138 bis 147 entnommen werden. Knappe Angaben finden sich meistens auch an den Etiketten der Pflanzen im Zoofachhandel. Grundsätzlich sollte die Wahl der Mittel- und

Das Großblättrige Fettblatt (*Bacopa caroliniana*) ist eine beliebte Pflanze für den Mittelgrund.

Eine ansprechende Dekoration gelingt auch mit gleichfarbigen, aber in der Blattform unterschiedlichen Pflanzen: Im Mittelpunkt steht eine Gruppe des Kleinen Fettblattes (*Bacopa monnieri*).

Hintergrundpflanzen aber schon vor dem Kauf feststehen, damit Probleme bei der Einrichtung des Aquariums und Enttäuschungen mit dem Wachstum der Pflanzen vermieden werden.

Bei der Auswahl geeigneter Mittel- und Hintergrundpflanzen für Aquarien mit weniger als 100 l Inhalt sollten kleinblättrige Arten bevorzugt ausgewählt werden, weil großblättrige zu viel Raum beanspruchen und keine gute Wirkung in kleinen Becken erzielen.

Auch Mittel- und Hintergrundbegrünung sollten im Bepflanzungsplan vermerkt werden, auch schon deshalb, um besser die Anzahl benötigter Pflanzenbunde und -töpfe errechnen zu können.

Welche Arten eignen sich am besten

für die Bepflanzung des Mittel- und Hintergrundes?

Da die Beantwortung dieser Frage von vielen Faktoren, beispielsweise Aquariengröße, Beleuchtung, Fischbesatz usw., abhängt, können hier nur allgemeine Hinweise auf besonders empfehlenswerte Arten gegeben werden, die Ihre Entscheidung erleichtern sollen. Auch die Tabelle auf den Seiten 138 bis 147 bietet Anregungen und Entscheidungshilfen bei der Auswahl geeigneter Arten.

Die meisten der für Mittel- und Hintergrund zur Verfügung stehenden Arten zählen zu den Stängelpflanzen. Besonders empfehlenswerte, kleinblättrige Stängelpflanzen für die Mittelzone des Aquariums sind die Fettblätter, *Bacopa caroliniana* und *B. monnieri*, der Kleine Wasserfreund, *Hygrophila polysperma*, das Zierliche Perlenkraut, *Hemianthus micranthemoides*, und das Seegrasblättrige Trugkölbchen, *Heteranthera zosterifolia*. Zu den empfindlichen und sehr lichtbedürftigen Arten zählen die Bachburgel, *Didiplis diandra*, und das Rundblättrige Perlenkraut, *Micranthemum umbrosum*.

Je nach Aquariengröße eignen sich für die Mittel- und Hintergrundbegrünung besonders Sumpffreundarten (*Limnophila*) und *Ludwigia*-Hybriden, die Rundblättrige Rotala (*Rotala rotundifolia*), der Indische Wasserwedel (*Hygrophila difformis*), sowie die verschiedenen Wuchs- und Farbformen des Riesenwasserfreundes (*Hygrophila corymbosa*).

Zu den lichtbedürftigen und empfindlichen Gewächsen zählen Haarnixen und Tausendblätter (*Cabomba*- und *Myriophyllum*-Arten), die Dünnstielige Eichhornie (*Eichhornia azurea*), die intensiv rot gefärbten Sorten des Kleinen Papageienblattes (*Alternanthera reineckii*) und die Cognacpflanzen (*Ammannia gracilis* und *A. senegalensis*).

Neben der Vielzahl an dekorativen Stängelpflanzen werden im Fachhandel auch zahlreiche Arten mit rosettenförmigem Wuchs angeboten, die sich zur Bepflanzung des Mittel- und Hintergrundes verwenden lassen. Insbesondere großwüchsige Arten und Sorten der Gattung *Echinodorus* (Schwertpflanzen) eignen sich gut für diese Zonen des Aquariums. Bei ihrer Kultur ist aber zu berücksichtigen, dass einige – insbesondere die rotblättrigen Sorten – nur bei guten Lichtverhältnissen optimal gedeihen. Demgegenüber begnügen sich fast alle im Handel erhältlichen Wasserkelche (*Crypto-

Beliebt aber anspruchsvoll als Gruppenpflanzen für die mittlere Bepflanzungszone sind *Didiplis diandra* (Amerikanische Bachburgel) und rechts die Sorte *Echinodorus* 'Ozelot' als einzeln platzierte Rosettenpflanze.

Anspruchslose und häufig gepflegte Stängelpflanzen für Mittel- oder Hintergrund sind die Bastardludwigie (*Ludwigia palustris* x *repens*, links) und der Thailändische Wasserfreund (*Hygrophila corymbosa*, rechts).

coryne) mit geringen bis mittleren Lichtwerten, benötigen aber eine mehrmonatige Anwachsphase im Aquarium. Uneingeschränkt empfehlenswert sind ferner Vallisnerien und Hornfarn (*Ceratopteris*).

GRUNDREGELN FÜR DIE PLANUNG ▶

▶ Bepflanzungsplan erstellen.
▶ Seiten- und Rückwände möglichst aus bepflanzbarem Material gestalten.
▶ Bepflanzte Wurzeln und Steine einsetzen.
▶ Pflanzenliste erstellen; Ersatzpflanzen vormerken.
▶ Eine möglichst lange und tief in den Hintergrund reichende Pflanzenstraße einplanen.
▶ Nur wenige Solitärpflanzen aussuchen.
▶ Der Bepflanzung des Vordergrundes besondere Aufmerksamkeit schenken.
▶ Schatten- und lichtliebende Arten im Bepflanzungsplan berücksichtigen.
▶ Für die Neueinrichtung schnellwüchsige, anspruchslose Arten aussuchen. Nach Möglichkeit viele Pflanzen aus submersen Kulturen verwenden.
▶ Für kleine Becken vorwiegend kleinblättrige Pflanzen verwenden.
▶ Bei der Auswahl geeigneter Arten anhand von Literatur sorgfältig überlegen, ob die Wachstumsansprüche (Licht, Bodengrund, Wasser, Strömung usw.) der einzelnen Arten ausreichend berücksichtigt werden.
▶ Verträglichkeit mit dem Fischbesatz prüfen.

DEKORATIVE AQUARIEN MIT BEPFLANZUNGSPLÄNEN ▶
SEITE 66 – 75

Auch die auf dieser Seite vorgestellten Aquarienpflanzen sind leicht zu pflegen: Oben links das seltene Japanische Tausendblatt (*Myriophyllum ussuriense*), rechts die Schraubenvallisnerie (*Vallisneria spiralis*) sowie unten *Echinodorus schlueteri* im Vordergrund und Sumatrafarn (*Ceratopteris thalictroides*) im Hintergrund.

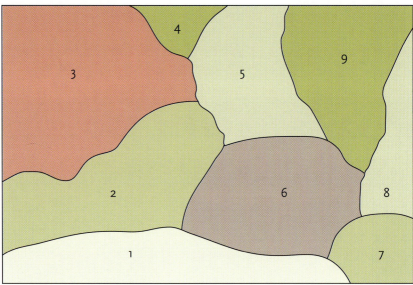

1 *Echinodorus tenellus* (Grasartige Schwertpflanze)
2 *Lobelia cardinalis* (Kardinalslobelie)
3 *Ammannia gracilis* (Große Cognacpflanze)
4 *Vesicularia dubyana* (Javamoos)
5 *Limnophila aquatica* (Wasser-Sumpffreund)
6 *Cryptocoryne wendtii* (Wendts Wasserkelch)
7 *Echinodorus parviflorus* 'Tropica'
8 *Hygrophila difformis* (Indischer Wasserwedel)
9 *Crinum calamistratum* (Dauerwellen-Hakenlilie)

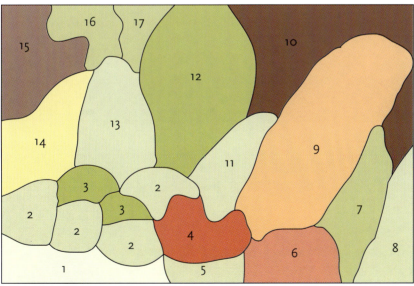

1 *Echinodorus tenellus* (Grasartige Schwertpflanze)
2 *Riccia fluitans* (Teichlebermoos)
3 *Cladophora aegagropila* (Algenball)
4 *Nymphaea lotus* (Tigerlotus)
5 *Sagittaria subulata* (Kleines Pfeilkraut)
6 *Alternanthera reineckii* (Papageienblatt)
7 *Didiplis diandra* (Bachburgel)
8 *Echinodorus quadricostatus* (Zwergschwertpflanze)
9 *Nesaea pedicellata*
10 *Echinodorus uruguayensis* „rot"
11 *Limnophila* sp.
12 *Aponogeton longiplumulosus*
13 *Myriophyllum aquaticum* (Tausendblatt)
14 *Bacopa caroliniana* (Großes Fettblatt)
15 *Ammannia gracilis* (Große Cognacpflanze)
16 *Anubias barteri* var. *nana* (Zwergspeerblatt)
17 *Microsorum pteropus* 'Windeløv'

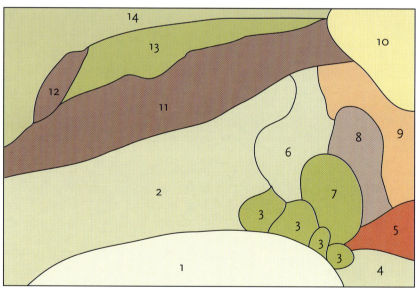

1. *Echinodorus tenellus* (Grasartige Schwertpflanze)
2. *Lobelia cardinalis* (Kardinalslobelie)
3. *Cladophora aegagropila* (Algenball)
4. *Sagittaria subulata* (Kleines Pfeilkraut)
5. *Nymphaea lotus* (Tigerlotus)
6. *Myriophyllum aquaticum* (Tausendblatt)
7. *Microsorum pteropus* (Javafarn)
8. *Limnophila aromaticoides*
9. *Hygrophila polysperma* (Kleiner Wasserfreund)
10. *Bacopa caroliniana* (Großes Fettblatt)
11. *Ammannia gracilis* (Große Cognacpflanze)
12. *Ludwigia repens* x *arcuata* (Bastardludwigie)
13. *Anubias barteri* var. *nana* (Zwergspeerblatt)
14. *Vallisneria nana* (Zwergvallisnerie)

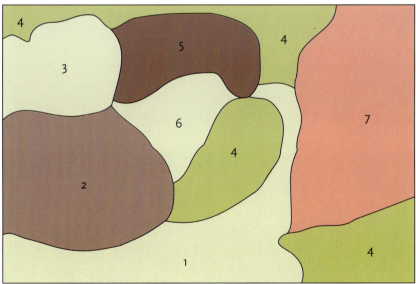

1 *Lobelia cardinalis* (Kardinalslobelie)
2 *Cryptocoryne wendtii* (Wendts Wasserkelch)
3 *Limnophila aquatica* (Wasser-Sumpffreund)
4 *Vesicularia dubyana* (Javamoos)
5 *Ludwigia repens* x *arcuata* (Schmalblättrige Bastard-ludwigie)
6 *Eichhornia diversifolia* (Verschiedenblättrige Eichhornie)
7 *Rotala rotundifolia* (Rundblättrige Rotala)

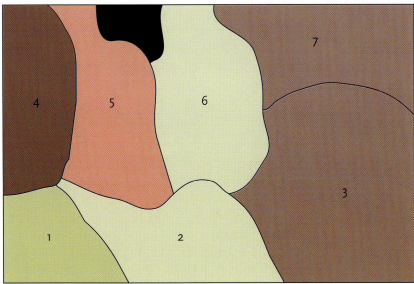

1 *Didiplis diandra* (Bachburgel)
2 *Lobelia cardinalis* (Kardinalslobelie)
3 *Cryptocoryne wendtii* (Wendts Wasserkelch)
4 *Ammannia gracilis* (Große Cognacpflanze)
5 *Bacopa caroliniana* (Karolina-Fettblatt)
6 *Hygrophila corymbosa* (Thailändischer Wasserfreund)
7 *Ludwigia repens* x *arcuata* (Schmalblättrige Bastardludwigie)

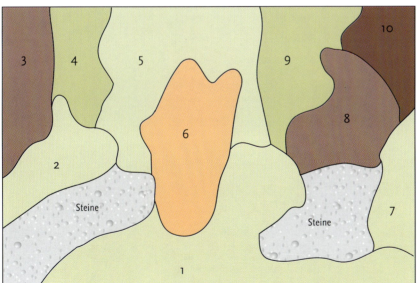

1 *Glossostigma elatinoides* (Australisches Zungenblatt)
2 *Micranthemum umbrosum* (Rundblättriges Perlenkraut)
3 *Rotala wallichii* (Wallichs Rotala)
4 *Vallisneria spiralis* (Schraubenvallisnerie)
5 *Lagarosiphon cordofanus*
6 *Rotala rotundifolia* (Rundblättrige Rotala)
7 *Limnophila aquatica* (Wasser-Sumpffreund)
8 *Ludwigia palustris* x *repens* (Breitblättrige Bastardludwigie)
9 *Zosterella dubia* (Grasblättriges Trugkölbchen)
10 *Myriophyllum pinnatum* (Rotstängeliges Tausendblatt)

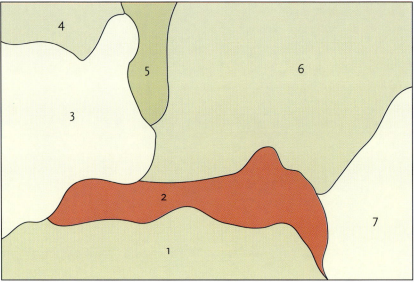

1 *Heteranthera zosterifolia* (Seegrasblättriges Trugkölbchen)
2 *Nymphaea lotus* (Tigerlotus)
3 *Lagarosiphon cordofanus*
4 *Hygrophila difformis* (Indischer Wasserwedel)
5 *Zosterella dubia* (Grasblättriges Trugkölbchen)
6 *Limnophila aquatica* (Wasser-Sumpffreund)
7 *Hemianthus micranthemoides* (Zierliches Perlenkraut)

PFLANZPLÄNE

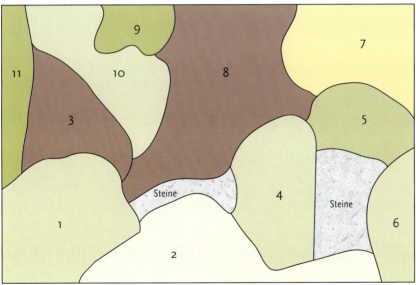

1 *Saururus cernuus* (Eidechsenschwanz)
2 *Glossostigma elatinoides* (Zungenblatt)
3 *Alternanthera reineckii* (Papageienblatt)
4 *Bacopa monnieri* (Kleines Fettblatt)
5 *Microsorum pteropus* (Javafarn)
6 *Lobelia cardinalis* (Kardinalslobelie)
7 *Bacopa caroliniana* (Karolina-Fettblatt)
8 *Ammannia gracilis* (Große Cognacpflanze)
9 *Anubias barteri* var. *nana* (Zwergspeerblatt)
10 *Hygrophila difformis* (Indischer Wasserwedel)
11 *Vesicularia dubyana* (Javamoos)

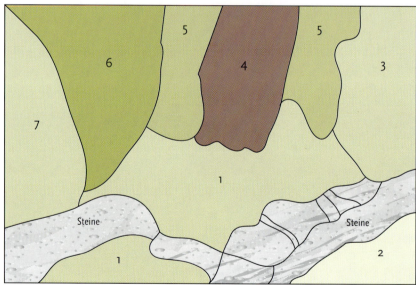

1 *Micranthemum umbrosum* (Perlenkraut)
2 *Glossostigma elatinoides* (Zungenblatt)
3 *Lagarosiphon cordofanus*
4 *Rotala wallichii* (Wallichs Rotala)
5 *Vallisneria spiralis* (Schraubenvallisnerie)
6 *Ceratophyllum demersum* (Gemeines Hornblatt)
7 *Hydrocotyle leucocephala* (Brasilianischer Wassernabel)

PFLANZPLÄNE

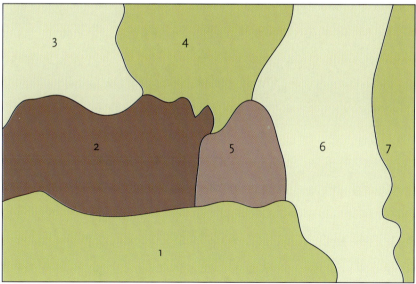

1. *Anubias barteri* var. *nana* (Zwergspeerblatt)
2. *Cryptocoryne beckettii* (Becketts Wasserkelch)
3. *Limnophila aquatica* (Wasser-Sumpffreund)
4. *Crinum calamistratum* (Dauerwellen-Hakenlilie)
5. *Barclaya longifolia* (Langblättrige Barclaya)
6. *Hygrophila difformis* (Indischer Wasserwedel)
7. *Vesicularia dubyana* (Javamoos)

▶ Vorbereitungen vor der Einrichtung

Damit neu erworbene Pflanzen umgehend eingesetzt werden können und nicht durch zu langes Herumliegen an der Luft Schaden nehmen, sollte das Aquarium vorbereitet sein: Seiten- und Rückwände müssen fertig gestaltet, der Bodengrund eingebracht sowie Terrassen, Steine und Holzwurzeln angeordnet sein.

Steine und Wurzeln, die später begrünt werden sollen, werden zunächst so im Aquarium platziert, dass sie zur Bepflanzung jederzeit wieder herausgenommen werden können.

ZUERST DAS WASSER, DANN BEPFLANZEN ▶ Von vielen Autoren wird eine Bepflanzung des Aquariums vor dem Einfüllen des Wassers empfohlen. Weil diese Empfehlung völlig praxisfremd ist und gewöhnlich erhebliche Pflanzenschäden zur Folge hat, soll an dieser Stelle näher auf die Konsequenzen dieser ungeschickten Vorgehensweise eingegangen werden. Die folgenden Ausführungen verdeutlichen, was geschehen kann, wenn die Pflanzen vor dem Einfüllen des Wassers eingesetzt werden:

▶ Stängelpflanzen biegen oder knicken um, wobei ihre dünnen, weichen Stängel brechen. Die Folge ist ein schlech-

Die weichen Stängel von *Cabomba furcata* brechen sehr leicht. Ihr Einpflanzen ist erst nach dem Einfüllen des Wassers sinnvoll.

tes Anwachsen oder sogar Absterben der Sprosse.
- Das Laub der an das Leben im Wasser oder die hohe Luftfeuchte des Gewächshauses angepassten Pflanzen vertrocknet in wenigen Minuten und ist zu einer späteren Assimilation nicht mehr fähig.
- Beim Einfüllen des Wassers lösen sich viele Pflanzen aus dem Bodengrund und müssen nochmals eingesetzt werden. Ein erneutes Einpflanzen verursacht aber unnötige Pflanzenschäden (z.B. Quetschungen der Stängel), die vermeidbar sind.
- Eine gleichmäßig stufige und harmonische Gruppierung von Stängelpflanzen kann nicht zufriedenstellend erfolgen.
- Die Wirkung der Bepflanzung lässt sich vor dem Einfüllen des Wassers nicht richtig beurteilen; denn ein gefülltes Aquarium wirkt gegenüber dem leeren aufgrund des Brechungsindex des Wassers um ein Drittel weniger tief.

Ein Aquarium, das mit vielen Pflanzen dekoriert werden soll, wird deshalb sinnvollerweise erst nach dem Einfüllen des Wassers bepflanzt, um Pflanzenschäden zu vermeiden und eine schrittweise Ge-

Nymphoides sp. „Taiwan"(auch mit sp. „Flipper" bezeichnet) ist eine noch unbestimmte Art, die gelegentlich in den Fachhandel kommt. Die Pflanzen müssen nach dem Erwerb umgehend in das mit Wasser gefüllte Aquarium eingesetzt werden, weil die Blätter sonst vertrocknen und schleimig werden.

staltung richtig beurteilen zu können. Bei der Einrichtung von sehr hohen Aquarien ist es allerdings erleichternd, wenn das Becken zunächst nur zu etwa drei Viertel mit Wasser und erst am Schluss der Bepflanzung vollständig gefüllt wird.

Übrigens ermöglicht das mit Wasser gefüllte, aber noch unbepflanzte Aquarium leichter eine ungefähre Vorstellung vom Platzbedarf der Pflanzengruppen. Ferner lässt sich die Menge des benötigten Pflanzenmaterials besser abschätzen, sodass gegebenenfalls noch eine Korrektur im Bepflanzungsplan durchgeführt werden kann.

AQUARIENPFLANZEN KAUFEN ▶

Nachdem Sie sorgfältig überlegt haben, wie Ihr Aquarium mit Dekorationsmaterial und Pflanzen gestaltet werden soll, gehen Sie vermutlich mit Ihrer Pflanzenliste in ein gut sortiertes Zoofachgeschäft. Dort werden Sie unter Umständen zunächst einmal mit Enttäuschung feststellen, dass nicht alle gewünschten Arten sofort erhältlich sind. Hierauf sollten Sie vorbereitet sein und sich einige „Ersatzpflanzen" vorgemerkt haben.

Ferner zahlt es sich aus zu wissen, an welchen Tagen der Zoofachhändler Pflanzenlieferungen erwartet, damit „frisches" Material gewährleistet ist. Manche Händler sind auch bereit, bei der nächsten Bestellung besondere Wünsche zu berücksichtigen. Eine langfristige Planung zahlt sich somit aus.

Wie viele Arten und wie viele Pflanzenbunde oder -töpfe sollte man nun erwerben?

Die Beantwortung dieser Frage ist einerseits abhängig von der Größe des zu bepflanzenden Aquariums, andererseits natürlich auch von der gewünschten Dichte der Begrünung. In Aquarien nach niederländischem Vorbild (siehe Seite 124) wird eine derart dichte Bepflanzung angestrebt, dass der Bodengrund nicht mehr ssichtbar ist. Natürlich muss man diesem Weg nicht ausschließlich folgen, sondern kann insbesondere in Abhängigkeit vom Fischbesatz hier und da eine kleine Stelle im Vordergrund, die aus einer Sandfläche bestehen sollte, frei

Eine gelungene Dekoration lässt sich nur beurteilen, wenn das Wasser schon eingefüllt ist. In diesem Aquarium harmonieren folgende Pflanzengruppen miteinander (von links nach rechts): *Cryptocoryne walkeri*, *Hottonia palustris*, *Cryptocoryne wendtii* und *Limnophila aquatica*.

lassen, um den Bedürfnissen der Fische nach Verbuddeln im Sand, Ausheben von kleinen Laichgruben, Ablaichen auf Steinen oder in Höhlen gerecht zu werden. An diesen „freien" Plätzen lassen sich später oftmals interessante Beobachtungen über das Verhalten vieler Fischarten machen.

Die folgenden Angaben für den Erwerb von Pflanzenmenge und Artenzahl beziehen sich auf dicht bepflanzte Aquarien und sind nur als ungefähre Richtwerte anzusehen. Als Anregungen sollen dem interessierten Leser die Fotos und Bepflanzungspläne besonders schön eingerichteter Aquarien, deren Gestaltung zur Nachahmung empfohlen wird, auf den Seiten 66 bis 75 dienen. Auch viele weitere Bilder in diesem Buch können als Vorbild für eine harmonische Bepflanzung hilfreich sein.

Grundsätzlich sollte bei der Überlegung, wie groß die Artenzahl sein soll und wie viele Bunde oder Töpfe von jeder einzelnen Art gekauft werden, folgende Regel beachtet werden:

Die meisten Pflanzenarten (ausgenommen Solitärpflanzen) bilden nur dann einen wirkungsvollen Blickfang, wenn ihre Verwendung in größeren Gruppen erfolgt. Es ist deshalb geschickter, sich auf eine geringe Zahl von Arten zu beschränken, die in großen Gruppen gepflanzt werden, als viele Arten zu erwerben, die später kleine, unscheinbare „Grüppchen" bilden. Ein kleines Aquarium mit einem Inhalt von 40 l sollte deshalb nur etwa 5 bis 7 Pflanzenarten beinhalten (2 bis 3 Vordergrundpflanzen, 3 bis 4 Mittel- und Hintergrundpflanzen), ein 200-l-Aquarium lässt sich dagegen mit etwa 10 bis 15 Arten bepflanzen (etwa 3 bis 5 Vordergrundpflanzen, 2 Solitär-

Besonders dekorative Pflanzenaquarien zeichnen sich durch eine dichte Begrünung aus. Der Pflanzenbesatz dieses Aquariums besteht im Vordergrund aus Pfeilkraut (*Sagittaria subulata*), Eidechsenschwanz (*Saururus cernuus*) und Bachburgel (*Didiplis diandra*) sowie im Mittel- und Hintergrund (von links nach rechts) *Cryptocoryne pontederiifolia*, Indischer Wasserwedel (*Hygrophila difformis*), Cognacpflanze (*Ammannia gracilis*) und Großblättriges Fettblatt (*Bacopa caroliniana*).

Für diese Pflanzenstraße mit Kardinalslobelie (*Lobelia cardinalis*) wurden etwa 5–10 Töpfe benötigt.

pflanzen, 5 bis 10 Mittel- und Hintergrundpflanzen); ein dicht bepflanztes 800-l-Aquarium kann etwa 25 bis 30 Arten aufweisen (5 bis 10 Vordergrundpflanzen, 3 bis 4 Solitärpflanzen, etwa 15 bis 20 Mittel- und Hintergrundpflanzen).

Für die Gestaltung einer langen Pflanzenstraße, die von schräg vorn bis möglichst weit in den Hintergrund reicht, müssen beispielsweise von *Lobelia cardinalis* (Kardinalslobelie) je nach Beckengröße zwischen 20 und 50 Sprosse, von *Alternanthera reineckii* (Papageienblatt) etwa 15 bis 30 (oder mehr) Stecklinge erworben werden. In einem handelsüblichen Bund befinden sich etwa 4 bis 8 Sprosse.

Auch für die Begrünung des Vordergrundes durch „Rasen bildende" Gewächse sollten größere Flächen und dementsprechend viel Pflanzenmaterial eingeplant werden. So benötigt man zum Beispiel von *Echinodorus tenellus* (Grasartige Schwertpflanze), *Echinodorus quadricostatus* (Zwergschwertpflanze), *Sagittaria subulata* (Kleines Pfeilkraut) oder *Lilaeopsis*-Arten (Graspflanzen) mindestens 2 bis 3 Töpfe für kleine Becken, 3 bis 10 Töpfe für die Gestaltung des Vordergrundes größerer Aquarien.

In diesem Aquarium wurden für die Gestaltung des Vordergrundes 10 Töpfe der Grasartigen Schwertpflanze (*Echinodorus tenellus*) verwendet. Als auffälliger Blickfang dienen zwei Farbformen der seltenen Wasserähre *Aponogeton elongatus*.

Die wichtigste Regel, die beim Erwerb von Pflanzen beachtet werden sollte, lautet deshalb: Kaufen Sie grundsätzlich von jeder Art immer mehrere Bunde oder Töpfe und so viel Pflanzenmasse, dass eine weitestgehend lückenlose Begrünung möglich ist. Ein von Beginn an dicht bepflanztes Aquarium, in dem alle Lebewesen ihre biologischen Aufgaben zufriedenstellend erfüllen können, ist die beste Vorbeugung zur Vermeidung von Algenwachstum und stressbedingten Fischkrankheiten!

In Abhängigkeit von Bepflanzungsdichte und Preis der gewünschten Pflanzen müssen für die Begrünung eines 40-Liter-Aquariums mindestens € 25,– bis € 35,– , eines 200-Liter-Aquariums etwa € 75,– bis € 150,– und für ein 800-Liter-Aquarium etwa € 200,– bis € 500,– eingeplant werden.

Bei allen Überlegungen zur Verwirklichung eines prächtigen Unterwassergartens sollte bedacht werden, dass für das Pflanzenmaterial gewöhnlich mehr Geld ausgegeben werden muss als für den Fischbesatz. Die Fische werden sich aber nur dann wohl fühlen, wenn auch der Begrünung viel Aufmerksamkeit gewidmet wird und die Pflanzen optimal gedeihen und sich vermehren. Sparen Sie deshalb bei der Einrichtung Ihres Aquariums nicht an der falschen Stelle!

▶ **Schritt für Schritt gestalten**

Technische Geräte und Dekorationsmaterial sind angeordnet, der Bodengrund eingebracht, das Wasser eingefüllt und das Pflanzenmaterial besorgt. Nach der langen Planungsphase und dem Erwerb des Pflanzenmaterials kann nun endlich mit der Bepflanzung begonnen werden. Für jemanden, der ein dicht und abwechslungsreich bepflanztes Aquarium anstrebt, beginnt jetzt ein besonders spannender Abschnitt, nämlich die Verwirklichung eigener Ideen zu einem sich schrittweise entwickelnden, lebendig gestalteten Aquarium.

Es ist ganz normal, dass man bei der Umsetzung seiner Vorstellungen immer wieder kleine Veränderungen im Bepflanzungsplan vornehmen muss, weil man sich mit dem Platzbedarf der einzelnen

Ausschnitt aus einer prächtigen Unterwasserlandschaft. Der Vordergrund wurde gestaltet mit dem Wasserkelch *Cryptocoryne* x *willisii*, im Mittel- und Hintergrund wachsen (von links nach rechts) *Rotala rotundifolia*, Javamoos und Javafarn, Tigerlotus, Tausendblatt, Wasserfreund und Trugkölbchen.

Die meisten Aquarienpflanzen werden in Töpfen mit Steinwolle zur verkaufsfertigen Größe herangezogen. In der Wasserpflanzengärtnerei Horticultura Las Lucanas auf Teneriffa werden Cryptocorynen zum Verkauf vorbereitet.

Gruppen verschätzt hat oder auch mehrere Arten nicht erhalten oder in der gewünschten Größe besorgen konnte. Vielleicht wird auch der eine oder andere Aquarianer überrascht sein über die Menge der Pflanzen, die benötigt wird, um ein Aquarium optimal zu bepflanzen, und weiteres Pflanzenmaterial besorgen müssen.

Zunächst werden die erworbenen Pflanzen vorbereitet, damit sie im Aquarium schnell anwachsen können. Aus verkaufspraktischen Gründen werden fast alle im Handel erhältlichen Arten mit Schaumstoff und Bleiband gebündelt oder in Töpfen mit Steinwolle angeboten. Steinwolle enthält keinerlei Nährstoffe, erleichtert aber den Wasserpflanzengärtnereien ein schnelleres und „sauberes" Arbeiten als mit Erdmischungen. Die meisten Aquarienpflanzen zählen zu den Sumpfpflanzen, die über Wasser leicht und problemlos wachsen, weshalb sie im Gewächshaus als Landsprosse herangezogen werden. Diese emersen Sprosse werden zu Gruppen zusammengefasst und in Töpfe mit Steinwolle gesetzt. In den meisten Gärtnereien befinden sich diese Töpfe in großen, flachen Wannen mit langsam fließendem Wasser. Durch die Zugabe von Nährstoffen in das Wasser lassen sich die Kulturen nach Bedarf düngen. Das Ergebnis sind rasch bewurzelte, algenfreie Pflanzen, die in der Steinwolle einen guten Halt finden und mit entsprechender Größe als Topf – ohne ein weiteres Umpflanzen – an den Zoofachhandel verkauft werden.

Für die Aquarianer hat die Verwendung von Steinwolle als „Kultursubstrat" allerdings auch Nachteile. Denn die unzähligen winzigen Fasern der Steinwolle können sich in den Kiemen der Fische festsetzen und dadurch zu ihrem Verlust führen. Es ist deshalb erforderlich, die Pflanzen für die Kultur im Aquarium *vollständig* aus der Steinwolle herauszunehmen. Allerdings ist dies oftmals leichter gesagt als getan. Denn in den Steinwollefasern verwurzelte kleine Pflänzchen, beispielsweise von *Echinodorus*, *Glossostigma* oder *Lilaeopsis*, lassen sich nur sehr mühsam herausnehmen; die meisten Triebe zerbrechen dabei, und ihre Wurzeln reißen ab, sodass Pflanzenschäden nicht zu vermeiden sind.

Wie geht man nun am besten vor?

Sowohl in kleinen Aquarien als auch in geräumigen Becken sollte nicht wahllos gepflanzt werden, denn ein solches Vorgehen birgt immer die Gefahr, dass stellenweise zu locker oder zu dicht gruppiert wird und am Schluss das Pflanzenmaterial nicht reicht oder etwas übrig

bleibt. Deshalb sollte eine bestimmte logische Reihenfolge der Arbeitsschritte eingehalten werden, die sich bei der Verfasserin in der Praxis bewährt hat, leicht nachvollziehbar ist und deshalb im Folgenden beschrieben wird.

DEKORATIONSMATERIAL BEPFLANZEN

▶ Zuerst werden Seitenscheiben und Rückwände mit Speerblättern und Farnen begrünt. Hierfür lassen sich am besten das Kleine Speerblatt (*Anubias barteri* var. *nana*), Javafarn (*Microsorum*), Kongo-Wasserfarn (*Bolbitis*) und Javamoos (*Vesicularia*) verwenden. Während die Wurzeln von Farnen nicht gekürzt werden dürfen, wodurch ihr Wachstum erheblich beeinträchtigt würde, hat die Praxis gezeigt, dass sehr lange Wurzeln bei *Anubias barteri* var. *nana*, die beim Aufpflanzen stören, ohne deutlich negative Auswirkungen entfernt werden können. Sehr lange *Anubias*-Rhizome werden in 3 bis 5 cm große Stücke geteilt. Nach einigen Wochen bilden sich an den Schnittstellen neue Austriebe, und diese vergrößern somit den Bestand.

Nun sind die Pflanzen für die Begrünung von Steinen und Wurzeln an der Reihe. Für diesen Zweck lassen sich sowohl die schon genannten Arten verwenden als auch größere Speerblätter sowie Polster des Flutenden Teichlebermooses (*Riccia fluitans*). Auch für die Bepflanzung von Steinen und Wurzeln dürfen bei *Anubias* zu lange, störende Wurzeln gekürzt oder ganz abgetrennt werden, vorausgesetzt, dass die Rhizome nicht in den Bodengrund eingepflanzt werden, sondern frei im Wasser hängen; auf diese Weise können sich zügig neue Wurzeln bilden.

Zum Aufbinden des Javafarns und von *Anubias*-Rhizomen eignet sich beispielsweise durchsichtiges Nähgarn, Angelsehne oder dünne braune Schnur. Schwierig

Zum Aufbinden des Javafarnes auf Dekorationsmaterial eignet sich Nähgarn oder Angelsehne. Die Wurzeln dieses Farnes dürfen nicht gekürzt werden.

Diese mit Moos bewachsene Wurzel hat im Aquarium eine naturnahe Ausstrahlung.

gestaltet sich meistens die Begrünung des Untergrundes mit Moospolstern. Auf kleinen Steinen können Moose am besten mit Haarnetzen (im Friseurgeschäft erhältlich) festgebunden werden, auf Holzwurzeln mit Garn.

Wer ein Paludarium oder ein ausrangiertes Aquarium besitzt und zudem die Einrichtung seines Aquariums lange im Voraus plant, kann auch Dekorationsgegenstände über Wasser mit Moos bewachsen lassen und diese dann später in das Aquarium einbringen. Im Sommer dauert es nur wenige Wochen, bis bei hoher Luftfeuchte die kriechenden Moosstängel mit ihren Wurzelhaaren (Rhizoide) einen dichten Bewuchs auf dem Untergrund gebildet haben. Die Wirkung derart bewachsener Steine oder Holzwurzeln ist naturnah und sehr dekorativ.

Für die Moos-Begrünung eines größeren Aquariums eignet sich auch folgendes Verfahren, das sich der Berliner Marcus Gast ausgedacht hat: Zwischen zwei Streifen Kunststoffgaze (im Baustoffhandel erhältlich) wird das Moos wie in ein „Sandwich" gelegt und an den Rändern mit Angelsehne verknotet. Nach einigen Wochen haben sich die Moostriebe so weit vermehrt, dass sie die Gaze vollständig bedecken. Ein derart gewachsener „Moosrasen", der in beliebiger Größe erstellt werden kann, lässt sich beispielsweise sehr dekorativ im Vordergrund von Japanischen Naturaquarien verwenden.

Eine modische, effektvolle Bepflan-

Moosrasen auf Kunststoffgaze

Das ganzseitige Bild zeigt eine Gruppe der Cognacpflanze (*Ammannia gracilis*) mit – nach dem Vorbild japanischer Aquarienkunst – auf Steinen aufgebundenen *Riccia*-Polstern.

Anzucht von *Riccia* in der Gärtnerei Tropica

Vorbereiten der erworbenen Pflanzen: *Alternanthera* (oben) und *Lilaeopsis* werden aus der Steinwolle herausgenommen und sorgfältig gesäubert, Wurzeln gekürzt und Stängelpflanzen auf die gewünschte Länge geschnitten.

zung bilden auch *Riccia*-Polster, die – nach dem Vorbild japanischer Aquarienkunst – bereits auf Steinen festgebunden im Handel angeboten werden. Natürlich lassen sich solche Steine auch selbst anfertigen. Dazu lässt man das Flutende Teichlebermoos mehrere Wochen an der Wasseroberfläche treiben, wo sich ein dichtes Geflecht aus vielen Vegetationsorganen bildet. Erfolg wird man aber mit der Pflege von *Riccia fluitans* nur dann haben, wenn es nicht veralgt und nicht von Wasserlinsen durchwachsen wird.

Eine praktische Hilfe zur Kultur des Teichlebermooses bieten auch zu Ringen gebogene Plastikschläuche oder Futterringe, die an der Wasseroberfläche schwimmen und in denen die Triebe herangezogen werden. Auf diese Weise wird die Ausdehnung begrenzt, und Wasserlinsen haben keine Chance, die Polster zu durchsetzen. Mit ausreichender Größe und Dicke werden die *Riccia*-Polster mit Hilfe eines Haarnetzes auf Steinen festgebunden. Als Untergrund eignen sich am besten Lavasteine, auf deren leicht scharfkantiger Oberfläche Polster und Haarnetz nicht verrutschen. Diese „lebenden Steine" müssen an einen hellen Ort im Vordergrund des Aquariums gelegt werden, denn *Riccia* benötigt zur erfolgreichen submersen Kultur viel Licht. Bei intensivem Licht und viel freiem Kohlendioxid wächst das Teichlebermoos sehr schnell, sodass es nach zwei bis drei Monaten vollständig durch das Haarnetz hindurchgewachsen ist und sich vom Untergrund löst. Dann müssen neue Steine hergestellt werden, was aber nur einen geringen Arbeitsaufwand bedeutet.

Das Aufbinden von Pflanzen auf Steinen und Wurzeln wird erst seit wenigen Jahren in größerem Umfang praktiziert und ermöglicht ausdrucksstarke und vielfältige Dekorationen. Die Angst, gründelnde Fische (z.B. Welse) könnten sich in den Haarnetzen verfangen und verletzen, scheint unbegründet zu sein. Zumindest konnten negative Auswirkungen durch die Verwendung von Garn und Haarnetzen in den Aquarien der Verfasserin nicht festgestellt werden.

Die technische Einrichtung (Filter, Schläuche, Kabel usw.) sollte möglichst wenig sichtbar sein. Hierzu lassen sich besonders gut die anspruchslosen Vallisnerien oder Javafarn verwenden.

Als Nächstes werden alle Stängelpflanzen aus den Bunden oder Töpfen genommen, die Steinwolle vollständig entfernt und die Sprosse mit einem Messer oder einer Schere (entsprechend der Behandlung von Schnittblumen) jeweils unterhalb eines Knotens abgetrennt. Die Verwendung einer Schere hat sich – im Widerspruch zu anderen Autoren – auch für dickfleischige Stängel wie die von *Ammannia* in der jahrelangen Praxis der Verfasserin nicht als nachteilig erwiesen. Nehmen Sie zum Kürzen empfindlicher und dickfleischiger Stängel aber nicht die Finger, da die Sprosse dann leicht gequetscht werden und schlechter anwachsen.

PFLANZENSTRASSEN GESTALTEN ▶
Nachdem begrünte Steine und Wurzeln ihren endgültigen Platz im Aquarium erhalten haben, wird als Nächstes die Pflanzenstraße gestaltet. Um eine gleichmäßige, stufige Anordnung und somit eine harmonische Wirkung zu erzielen, werden die Stecklinge nach Größen sortiert nebeneinander gelegt und in unterschiedliche Längen geschnitten. Dabei werden sie in der Länge so gekürzt, dass sich eine gerade Linie von der längsten bis zur kleinsten Sprossspitze bilden lässt (siehe nebenstehendes Foto).

Man beginnt nun mit dem Setzen der kleinsten Pflanzen im Vordergrund und ordnet sie in mindestens zwei bis drei parallel verlaufenden Reihen schräg nach hinten in stufiger Anordnung an, sodass die größten Pflanzen erst zum Schluss eingesetzt werden. Manche Aquarianer gestalten die Straße von hinten nach vorn, aber selten führt eine solche Vorgehensweise zu einer gleichmäßigen und stufigen Anordnung der Straße.

TIPP
Die beste optische Wirkung erreichen Sie, wenn eine Pflanzenstraße möglichst lang ist, deutlich stufig angeordnet wird und mit etwa 45° schräg von vorn nach hinten verläuft.

Für eine harmonische Gestaltung ist es besonders wichtig, dass jeder Spross oder jede Rosette einzeln in ein Pflanzloch gesetzt und niemals in Gruppen gepflanzt wird. Zu beachten ist ferner eine möglichst dichte und lückenlose Gruppierung, damit die Straße optisch nicht auseinander bricht. Sparen Sie deshalb nicht an Pflanzenmaterial!

In sehr großen Aquarien lassen sich natürlich weitere Pflanzenstraßen anordnen. Dekorativ wirkt es beispielsweise, wenn in einigem Abstand zur ersten Straße parallel oder entgegengesetzt eine weitere Straße verläuft. Die Abbildungen auf den Seiten 66 – 75 können als Anregung für eigene Gestaltungen hilfreich sein. Der Fantasie und dem Geschick eines jeden Einzelnen sind hier keine Grenzen gesetzt.

SOLITÄRPFLANZEN EINSETZEN ▶ Nun werden die Arten, die als Solitärpflanzen verwendet werden sollen, aus den Töpfen mit der Steinwolle herausgenommen. Die Wurzeln werden ebenfalls bis auf wenige Zentimeter gekürzt, aber niemals ganz entfernt. Insbesondere das Wurzelwerk sehr großer Pflanzen, z.B. das der Schwertpflanzen *Echinodorus cordifolius* und *E. uruguayensis*, darf nicht stärker als auf fünf Zentimeter Länge zurückgeschnitten werden, da sonst keine Verankerung im Bodengrund mehr möglich ist und die Pflanzen immer wieder hochtreiben (hilfreich kann in diesem Fall ein vorübergehendes Beschweren mit einem Stein sein).

Die Solitärpflanzen werden in der Mittel- oder Hintergrundzone des Aquariums an eine gut beleuchtete Stelle gepflanzt. Den in Vereinen organisierten Aquarianern sind die oftmals strengen Regeln für Heimschauen bekannt, nach denen präzise vorgeschrieben ist, welchen Platz die Solitärpflanzen im Aquarium einnehmen müssen (Goldener Schnitt). Ich selbst möchte an dieser Stelle keine Reglementierung für die Platzierung von Solitärpflanzen geben, sondern sie Ihrem Fingerspitzengefühl überlassen.

Eine Grundregel darf dabei nicht missachtet werden: Solitärpflanzen dürfen niemals genau in die Mitte gepflanzt werden, weil dadurch das Aquarium optisch in zwei Hälften zerfallen würde. Sie müssen links oder rechts davon im Drittel der Aquariumbreite oder in der Teilungslinie des „Goldenen Schnittes" angeordnet sein. (Der Goldene Schnitt ist seit dem

Auch die Wurzeln großwüchsiger Schwertpflanzen (links *Echinodorus schlueteri* und rechts *E. uruguayensis*) müssen vor dem Einpflanzen stark gekürzt werden.

Echinodorus cordifolius 'Tropica Marble Queen' wird als Jungpflanze zunächst in den Vordergrund eingepflanzt und später umgesetzt.

Altertum als ästhetisch besonders befriedigendes Maßverhältnis zur Teilung einer Strecke von großer Bedeutung und tritt daher in vielen Werken der bildenden Kunst, Fotografie und Architektur auf.

Nach dem Goldenen Schnitt wird eine Strecke in der Weise geteilt, dass sich die kleinere Teilstrecke zur größeren Teilstrecke verhält wie diese zur Gesamtstrecke. Dieses bedeutet ein Verhältnis

Die dekorative Javafarn-Sorte 'Windeløv' lässt sich gut auf einem Stein aufgebunden als Solitärpflanze verwenden.

Die Schwertpflanze *Echinodorus uruguayensis* eignet sich hervorragend für die Bepflanzung der hinteren Ecken. Kleine Exemplare müssen aber zunächst im Vordergrund auf ihre volle Größe heranwachsen.

von 1 : 1,618 oder bei einem Aquarium mit einer Länge von 100 cm ein Verhältnis von etwa 38 : 62 cm.)

Ferner müssen die Bedürfnisse einiger weniger Solitärpflanzen – z.B. *Crinum*-Arten – nach strömungsreichem Wasser berücksichtigt werden; sie sollten deshalb einen bevorzugten Platz in der Nähe des Filterauslaufes erhalten.

GROSSWÜCHSIGE PFLANZEN PLATZIEREN ▶ Als Nächstes werden die hinteren Ecken des Aquariums mit großwüchsigen Arten bepflanzt. Für diesen Zweck sollten nicht zu lichtbedürftige Arten verwendet werden, da dieser Bereich im Aquarium immer schwächer beleuchtet wird als die Mitte. Der Grund hierfür ist die ungleichmäßige Verteilung der Leuchtdichte von Leuchtstofflampen, die am Rand geringer ist als in der Mitte.

Lange Wurzeln kräftiger Pflanzen lassen sich nicht sorgfältig in den Bodengrund einbringen und würden bei ungeschicktem Einpflanzen absterben. Um das unnötige Risiko der Bildung von Fäulnisstellen im Bodengrund zu vermeiden, werden deshalb die Wurzeln bis auf wenige Zentimeter gekürzt; der Wurzelrest dient nur noch zur Verankerung der Pflanzen und nicht mehr zur Nährstoffaufnahme.

Für geräumige Aquarien ab etwa 200 l sind sowohl große Schwertpflanzen, z.B. die verschiedenen Formen von *Echinodorus uruguayensis* oder die Sorte *Echinodorus* 'Rubin', empfehlenswert, aber auch einige anspruchslose Cryptocorynen, wie *Cryptocoryne cordata*, *C. crispatula* und

C. usteriana, die allerdings in Gruppen gepflanzt werden und eine lange Anwachsphase benötigen. Für kleinere Aquarien steht eine Vielzahl geeigneter Arten zur Verfügung, deren Auswahl die Tabelle auf Seite 138 – 147 erleichtert.

VORDERGRUNDPFLANZEN EINSETZEN
▶ Zum Schluss der Bepflanzung wird von vorn nach hinten bepflanzt. Das Einpflanzen der kleinen Vordergrundpflanzen bereitet die größten Probleme. Insbesondere bei den zarten *Glossostigma*- und *Marsilea*-Sprossen wird die Geduld auf eine harte Probe gestellt, weil sie immer wieder hochtreiben. Eine stumpfe Pinzette kann sehr hilfreich sein. Spätestens beim Einsetzen der Vordergrundpflanzen wird man merken, dass sich Sand oder feiner Kies viel besser für die Pflanzung eignen als Kies über drei Millimeter Körnung.

Bei den meisten Vordergrundpflanzen handelt es sich um Ableger bildende Arten (ebenfalls grundständige Rosettenpflanzen), die an mehr oder weniger langen Ausläufern kräftiger Mutterpflanzen entstehen. Zu diesen zählen Vallisnerien, Wasserkelche (*Cryptocoryne*) und mehrere kleinwüchsige Schwertpflanzen (*Echinodorus*) sowie Pfeilkräuter (*Sagittaria*). Die Jungpflanzen werden von den Mutterpflanzen getrennt, die Ausläufer (Verbindungsstücke zwischen den Jungpflanzen) entfernt, die Wurzeln reduziert und die Pflanzen nach Größe sortiert.

Viel Mühe und Zeitaufwand bereitet das Einpflanzen der kleinsten Schwertpflanze, *Echinodorus tenellus*, weil jedes Pflänzchen einzeln und dicht nebenein-

Das Einsetzen des Zwergkleefarns (*Marsilea*) gleicht einem Puzzlespiel. Mit viel Geduld müssen die kurzen Triebe gepflanzt werden.

Zum Einpflanzen der zarten *Glossostigma*-Sprosse ist eine stumpfe Pinzette hilfreich. Einen wirkungsvollen Kontrast bildet die Art mit *Mayaca fluviatilis*, *Ludwigia glandulosa*, *Hydrotriche hottoniiflora* und *Eusteralis stellata* (von links nach rechts).

ander jedes in ein eigenes Pflanzloch gesetzt werden muss. Das Gleiche gilt auch für etwas größere, Ausläufer bildende Arten, wie beispielsweise *Echinodorus quadricostatus* und *Sagittaria subulata*. Immer wieder lässt sich bei neu eingerichteten Aquarien beobachten, dass viele kleine Pflänzchen in ein Pflanzloch gesteckt wurden, um Zeit zu sparen. Das Ergebnis ist eine schlechte Wurzelbildung und nicht selten ein schnelles Absterben der Pflanzen. Ferner wird keine Gleichmäßigkeit des Vordergrundes erzielt. Nehmen Sie sich deshalb für die Bepflanzung des Vordergrundes viel Zeit und geben Sie jedem Pflänzchen auch die Chance, anwachsen und sich ausbreiten zu können!

MITTEL- UND HINTERGRUND GESTALTEN ▶ Auch bei der Gestaltung des Mittel- und Hintergrundes müssen verschiedene Grundregeln beachtet werden. Besonders wichtig ist, dass Stängelpflanzen immer in größeren Gruppen und stufig gepflanzt werden. Je nach Größe der Pflanzen sollten mindestens fünf Sprosse für eine Gruppierung verwendet werden. Besonders kräftige und empfindliche Sprosse, z.B. Cognacpflanzen (*Ammannia*), Papageienblatt (*Alternanthera*), Sumpffreund (*Limnophila*), Wasserfreund (*Hygrophila*) und Sternpflanze (*Eusteralis stellata*) werden einzeln und mit so großem Abstand voneinander eingesetzt, dass sie sich weder im Wachstum behindern noch gegenseitig stark beschatten.

Auf diese Weise wird auch eine gute Bewurzelung gewährleistet.

Stängelpflanzen entwickeln im Aquarium in wenigen Tagen neue Wurzeln, sodass die Sprosse völlig wurzelfrei sein können. Mit der Bildung neuer Wurzeln sterben die alten ab. Auch bei jedem späteren Umpflanzen ist es wichtig, dass die alten Wurzeln stark gekürzt werden, damit keine Fäulnisherde im Bodengrund entstehen.

Ein kleines Experiment: Um den Nachweis zu erbringen, dass es – um Fäulnisstellen im Bodengrund zu vermeiden – sinnvoll ist, die alten Wurzeln vor dem Neueinpflanzen stark zu kürzen, führte die Verfasserin einen Versuch mit der Cognacpflanze (*Ammannia gracilis*)

Auch wenn es mühsam ist: Die fleischigen Triebe des Papageienblattes und des Eidechsenschwanzes müssen einzeln gesetzt werden, damit sie gut anwachsen. Die Mühe lohnt sich aber!

Grundständige Rosettenpflanzen, wie hier *Cyperus helferi* (Zypergras), werden grundsätzlich einzeln platziert.

durch. An einem Spross wurden sämtliche Wurzeln entfernt, an einem zweiten die alten Wurzeln belassen, und beide Stängel wurden nebeneinander in den Bodengrund gepflanzt. Bei beiden Sprossen war eine Wurzelbildung schon nach zwei Tagen zu beobachten, nach einer Woche wiesen die neu gebildeten Wurzeln eine Länge von etwa drei Zentimetern auf. Die an dem zweiten Spross vorhandenen alten Wurzeln starben ab und bildeten schwärzliche Stellen im Sand, ein deutliches Zeichen von Fäulnis.

Um eine möglichst harmonische Ausstrahlung zu erzielen, sollten auch viele Rosettenpflanzen, beispielsweise kleinere

Eine solitär stehende Gruppe von *Rotala rotundifolia* wirkt nur dann harmonisch, wenn sie von andersfarbigen Arten umrahmt wird. Gleichfarbige Pflanzen passen nicht dazu.

Rotbraune *Cabomba palaeformis* (Mexikanische Haarnixe) kontrastieren gut zu hellgrünen Arten, wirken aber nicht neben gleichfarbigen Pflanzengruppen.

Schwertpflanzen (*Echinodorus quadricostatus*, *E. tenellus*, *E. schlueteri*) und Wasserkelche (z.B. *Cryptocoryne wendtii*, *C. parva*, *C. beckettii*, *C. walkeri*) immer in größeren Gruppen gepflanzt werden. Um eine hohe Kontrastwirkung zu erhalten, dürfen ähnlich strukturierte oder farblich gleiche Arten nicht nebeneinander gesetzt werden. Ungeschickt ist es zum Beispiel, wenn die im Habitus ähnlichen *Myriophyllum*-, *Cabomba*- oder *Limnophila*-Arten nebeneinander gepflanzt oder

die rotblättrigen *Ammannia* und *Alternanthera* zusammen gruppiert werden. Eine wichtige Regel bei der Gestaltung eines Pflanzenaquariums heißt deshalb, möglichst große Kontraste mit Hilfe des Farb- und Formenreichtums der Pflanzen zu erzielen. Es gehören also hellgrüne Pflanzenarten neben braun- oder rotblättrige Arten und kleinblättrige sowie feingliedrige neben groß- und grobblättrige.

Gelegentlich sieht man bei befreundeten Aquarianern oder im Fachhandel eine interessante neue Aquarienpflanze, die man selbst gerne pflegen möchte. Nachträgliche Pflanzungen oder der Austausch von Pflanzengruppen müssen aber besonders sorgfältig und überlegt vorgenommen werden, damit die „neuen" Pflanzen nicht den harmonischen Gesamteindruck stören.

Die nachstehenden Regeln fassen noch einmal alle wichtigen Empfehlungen sowie die Abfolge der Arbeitsschritte bei der wirkungsvollen Einrichtung eines Pflanzenaquariums zusammen. Zu einer zufriedenstellenden Bepflanzung gehört aber nicht nur die Beachtung dieser Regeln, sondern auch Fingerspitzengefühl, Fantasie und ein ausreichendes Wissen über die individuellen Bedürfnisse der Pflanzen.

GRUNDREGELN FÜR DIE BEPFLANZUNG ▶

- Das Aquarium vor dem Bepflanzen mit Wasser füllen.
- Alle Pflanzen aus der Bündelung und den Töpfen mit Steinwolle herausnehmen.
- Vor dem Einpflanzen die Wurzeln kürzen. Stängelpflanzen anschneiden und nach Größe sortieren. Die Ableger der Ausläufer bildenden Arten voneinander trennen.
- Seiten- und Rückwände bepflanzen. Die technische Einrichtung durch Pflanzen verdecken.
- Holzwurzeln und Steine zumindest teilweise begrünen.
- Pflanzenstraßen von schräg vorn nach hinten stufig anordnen. Lückenlos gruppieren.
- Solitärpflanzen an gut beleuchtete Stellen und nicht genau in die Mitte des Aquariums setzen.
- Immer in großen Gruppen pflanzen, denn diese haben eine bessere Wirkung als kleine.
- Kräftige Sprosse und kleine Vordergrundpflanzen immer einzeln in ein Pflanzloch setzen.
- Bei der Gruppierung der Pflanzen auf Abwechslung achten. Dabei die unterschiedlichen Farben und Blattformen kontrastreich einsetzen.
- Die Bedürfnisse besonders licht- und schattenliebender Gewächse gesondert berücksichtigen. Strömungsliebende Arten in der Nähe des Filterauslaufes platzieren.
- Gleich zu Beginn der Einrichtung für eine dichte Bepflanzung sorgen, um einer Algenbildung vorzubeugen.
- Gründelnde Fische erst einsetzen, wenn die Pflanzen angewurzelt sind.

Ein einzelner Spross von *Bacopa caroliniana* wirkt wenig dekorativ, dagegen ist eine große, stufig angeordnete Gruppe ein auffälliger Blickfang.

Pflanzenaquarien pflegen

- 99 ▶ Vordergrundpflanzen pflegen
- 101 ▶ Übrige Pflanzen pflegen
- 102 ▶ Richtig düngen
- 105 ▶ Wasserwechsel
- 105 ▶ Reinigen der Frontscheibe
- 105 ▶ Reinigen des Filters
- 106 ▶ Überprüfen der technischen Anlagen
- 107 ▶ Tipps für den Urlaub

Die Pflege eines Pflanzenaquariums bereitet – entgegen den allgemeinen Vorstellungen – wenig Aufwand.

Ein abwechslungsreich und dicht bepflanztes Aquarium wird nur dann auch auf Dauer schön bleiben, wenn es regelmäßig gepflegt wird. Der Pflegeaufwand für ein Pflanzenaquarium ist – entgegen der gängigen Meinung – nicht sehr hoch. Selbst für ein mit vielen schnell wachsenden Stängelpflanzen dekoriertes 800-Liter-Aquarium benötigt man nur eine Zeit von ein bis zwei Stunden pro Woche, für ein 100-Liter-Becken weniger als eine Stunde. Viele Aquarianer machen aber den Fehler, dass sie zu viel am Aquarium „hantieren", immer wieder umdekorieren oder gar das Dekorationsmaterial jede Woche herausnehmen und mit einer Bürste von Algen befreien.

Es soll sogar Menschen geben, die das gesamte Aquarium alle vier Wochen ausräumen, um den Bodengrund zu „waschen"! Diese Aquarianer wollen es besonders gut machen, bewirken aber das Gegenteil. In einem „hygienisch sauberen" Aquarium werden sich Fische niemals wohl fühlen und vermehren und die Pflanzen nicht wachsen; eine Algenbildung ist vorprogrammiert.

Für ein gut funktionierendes Aquarium braucht man Zeit und Geduld, bis es biologisch „eingefahren" ist, die Pflan-

zen angewurzelt sind und sich Bakterien zum Schadstoffabbau gebildet haben. Mulm und Algen gehören in ein Aquarium ebenso wie hier und da abgestorbenes Pflanzenmaterial. Auch an den natürlichen Standorten liegt im Wasser mehr oder weniger viel totes Laub, in dem sich viele Fische, z.B. *Apistogramma*-Arten, aufhalten und Schutz suchen, ablaichen und ihre Jungfische aufziehen. Zerfressene Blätter an Wasser- und Sumpfpflanzen sind in den natürlichen Habitaten die Regel, ebenso oftmals ein geringes Algenwachstum. Seien Sie deshalb nicht zu pingelig mit Ihrem Aquarium, und „stören" Sie Fische und Pflanzen grundsätzlich nur dann, wenn es wirklich erforderlich ist.

Folgende Pflegearbeiten fallen bei einem dicht bepflanzten Aquarium regelmäßig an:

Das Perlenkraut (*Hemianthus micranthemoides*) im Vordergrund lässt sich mit einer Schere stufig schneiden. Cognacpflanze, Wasserfreund, Fettblatt und Wassernabel werden etwa alle drei Wochen neu gesteckt.

▶ Vordergrundpflanzen pflegen

Rasen bildende Vordergrundpflanzen benötigen eine besondere Pflege. Fädige und watteähnliche Grünalgen setzen sich mit Vorliebe zwischen die zarten Pflänzchen, behindern sie im Wachstum und können sie „ersticken". Oft misslingt deshalb die Kultur von *Glossostigma elatinoides* (Zungenblatt), *Echinodorus tenellus* (Grasartige Schwertpflanze), *Marsilea*-(Kleefarn) und *Lilaeopsis*-Arten (Graspflanze). Diese Gewächse wirken nur dann dekorativ, wenn aufkommender Algenwuchs umgehend und sorgfältig entfernt wird. Gelingt dies nicht auf Dau-

Wenn die Pflanzen im Vordergrund, hier *Vallisneria nana*, zu dicht stehen und sich gegenseitig hochtreiben, muss die Gruppe ausgelichtet und neu gepflanzt werden. Im Hintergrund sind *Echinodorus horizontalis* und *E. bleheri* zu sehen.

In diesem Aquarium hat das Kleine Pfeilkraut (*Sagittaria subulata*) einen derart dichten Bestand gebildet, dass sich die sonst niedrigen Pflanzen gegenseitig bis zur Wasseroberfläche hochgetrieben haben.

er, ist es ratsam, zierliche Pflanzen durch großblättrigere Arten, z.B. *Echinodorus quadricostatus* (Zwergschwertpflanze) und *Lobelia cardinalis* (Kardinalslobelie), zu ersetzen.

Ein Vordergrund ist erst dann optimal gestaltet, wenn die Pflanzen dicht an dicht stehen und der Bodengrund kaum noch sichtbar ist. Bis es so weit ist, benötigt man meistens mehrere Monate Geduld. Während dieser Zeit sollten nur unkontrolliert in andere Pflanzenbestände hineinwachsende Triebe entfernt werden. Erst wenn sich Rasen bildende Pflanzen durch ein zu dichtes Wachstum gegenseitig in die Höhe treiben und keinen Platz mehr zum Anwurzeln finden, sollte der Bestand ausgelichtet und neu gesteckt werden.

▸ Übrige Pflanzen pflegen

Großwüchsige Stängelpflanzen sollten erst dann gekürzt werden, wenn sie die Wasseroberfläche erreicht haben. Manche Arten, z.B. Cognacpflanzen (*Ammannia*) und Wasserfreundarten (*Hygrophila*), wachsen schnell aus dem Aquarium heraus, um Landsprosse zu bilden. Um aber die Bildung von Luftblättern und somit eine Veränderung des Aussehens der Pflanzen zu verhindern, müssen diese umgehend gekürzt und neu gesteckt werden.

Viele aufrecht wachsende Arten mit weichen Stängeln (z.B. *Rotala*, *Myriophyllum* und *Cabomba*) streben aber nach Erreichen der Wasseroberfläche nicht aus dem Aquarium heraus, sondern wachsen flutend weiter. An diesen flutenden Sprossen lässt sich gut beobachten, dass die Pflanzen nunmehr viel kräftiger und farbenprächtiger werden. Lassen Sie deshalb solche Triebe ruhig einige Tage an der Wasseroberfläche fluten, bevor Sie sie wieder neu gruppieren.

Rosettenpflanzen (grundständige Arten) benötigen nur eine sehr geringe Pflege. Zu lang gestielte Blätter, die auf ein baldiges Herauswachsen der Pflanzen (z.B. bei *Echinodorus cordifolius*, Herzblättrige Schwertpflanze) oder die Bildung von Schwimmblättern (z.B. bei *Nymphaea lotus*, Tigerlotus) hindeuten, sollten regelmäßig entfernt werden, wenn Schwimm- und Luftblätter sowie eine Blütenbildung unerwünscht sind.

Mit *Riccia* begrünte Steine benötigen eine regelmäßige Pflege. Mit der Schere lassen sich die Polster kurz schneiden.

Die Tigerlotus bildet leicht Schwimmblätter. Um den Wuchs niedrig zu halten, müssen lang gestielte Blätter regelmäßig entfernt werden.

▶ Richtig düngen

Die Fütterung der Fische steht in einem engen Zusammenhang mit der Ernährung der Aquarienpflanzen. Bei einer regelmäßigen Fütterung dienen den Pflanzen die Zersetzungs- und Verdauungsprodukte der Fische als Nährstoffe. Wurde zudem ein nährstoffreicher Bodengrund eingebracht, muss nur selten zusätzlich gedüngt werden. Viele Aquarianer düngen viel zu häufig und zu viel und induzieren auf diese Weise ein starkes Algenwachstum. Vermeiden Sie deshalb eine übermäßige und unkontrollierte Düngung!

Pflanzen nehmen ihre Nährstoffe artspezifisch und in unterschiedlicher Konzentration und Zusammensetzung auf. Über die Ernährung von Landpflanzen liegen viele wissenschaftliche Studien vor, über die der Aquarienpflanzen bisher nur wenige verlässliche und wissenschaftlich gesicherte Erkenntnisse.

Deshalb ist es aus Sicht der Verfasserin am besten, nur dann zu düngen, wenn die Pflanzen sichtbaren Nährstoffmangel anzeigen, beispielsweise durch ein verlangsamtes Wachstum, die Bildung chlorotischer Blätter (Hervortreten der Blattnerven mit gleichzeitigem Vergilben des Blattgewebes) oder fehlendes Chlorophyll in frischen Blättern oder in den Sprossspitzen grünblättriger Pflanzen (fast immer Eisenmangel). Versuche der Verfasserin zeigten, dass mehrere handelsübliche Eisendünger ein Einrollen der Blätter bei *Anubias* sowie ein verstärktes Bart- und Pinselalgenwachstum auslösten. Deshalb sollte auch mit der Zugabe von Eisendüngern bewusst und sparsam umgegangen werden.

Soll nur eine einzelne Pflanze oder eine kleine Gruppe im Aquarium gedüngt werden, ist die Verwendung eines Bodengrunddüngers zu empfehlen. Gut eignen sich hierfür auch getrocknete,

Lagarosiphon cordofanus im Vergleich: Die linken Sprosse weisen einen deutlichen Nährstoffmangel auf, rechts gut ernährte Pflanzen.

Limnophila-Arten zeigen Eisenmangel durch die Bildung chlorotischer Sprossspitzen an.

etwa ein Zentimeter im Durchmesser große Lehmkugeln, die man im Handel kaufen, aber auch leicht selbst herstellen kann (siehe Seite 23). Ein Flüssigdünger sollte nur dann eingesetzt werden, wenn das Pflanzenwachstum insgesamt angeregt werden soll. In diesem Zusammenhang ist der Dünger der dänischen Wasserpflanzengärtnerei Tropica *Master grow* nicht nur aufgrund seiner optimalen Nährstoffzusammensetzung besonders empfehlenswert, sondern auch deshalb, weil auf diesem in vorbildlicher Weise die Pflanzennährstoffe deklariert werden. Es ist zu wünschen, dass andere Hersteller diesem Weg folgen, damit eine bessere Kontrolle der Zugabe von Nährstoffen möglich ist.

Grundsätzlich müssen alle Dünger sehr sparsam verwendet werden. Die von

Ein gesund wachsender Bestand des Seegrasblättrigen Trugkölbchens (*Heteranthera zosterifolia*) ist daran zu erkennen, dass die Triebe kräftig grün gefärbt sind.

den Herstellern angegebene Dosierung kann zu hoch sein und ist als Richtwert anzusehen, denn Fisch- und Pflanzenbesatz sind in jedem Aquarium verschieden. Nehmen Sie deshalb vorsichtshalber zuerst weniger als die vorgeschriebene Düngermenge und warten Sie die Reaktion ab; gegebenenfalls kann eine Nachdüngung erfolgen.

▶ **Wasserwechsel**

Je nach Dichte des Fischbesatzes sollte wöchentlich oder mindestens alle 14 Tage ein Teilwasserwechsel von etwa 10 bis 25 % durchgeführt werden. Gleichzeitig werden Algen, oberflächlich angesammelter Mulm und abgestorbene Blätter entfernt. Mit einem Schlauch oder einem Schlammsauger wird die Oberfläche des Bodengrundes etwas aufgelockert (aber nicht umgewühlt!).

▶ **Reinigen der Frontscheibe**

Die Frontscheibe sollte regelmäßig von Algen befreit werden. Nicht nur der Optik wegen, sondern insbesondere deshalb, weil manche Algenarten sehr festsitzen und sich nach mehreren Wochen kaum noch entfernen lassen. Wem es gefällt, darf nicht bepflanzte Seitenscheiben durchaus veralgen lassen.

▶ **Reinigen des Filters**

Theoretisch ist ein Filter in einem dicht bepflanzten und nicht mit Fischen überbesetzten Aquarium nicht erforderlich, denn gut assimilierende Pflanzen haben eine ausreichend reinigende Wirkung auf das Wasser. Um aber eine gute Wasserströmung zu gewährleisten und auch das Ökosystem Aquarium zu stabilisieren, ist der Einsatz von Filtern auch in Pflanzenaquarien sinnvoll. Um einen hohen wirksamen biologischen Abbau von Schadstoffen zu ermöglichen, sollte der Filter in einem Pflanzenaquarium nicht zu oft gereinigt und nur langsam durchströmt werden. Natürlich muss sich eine Reinigung des Filters nach der Dichte des Fischbesatzes richten. Grundsätz-

Auch bei gut ernährten Pflanzen von *Alternanthera reineckii* 'Lilablättrig' ist gelegentlich das Hervortreten der Blattnerven zu beobachten.

Obwohl die Arten harmonisch gruppiert wurden, ist an dem schwachen Wuchs deutlich zu erkennen, dass den Pflanzen Nährstoffe fehlen.

Die beiden Gruppen des Kleinen Wasserfreundes (*Hygrophila polysperma*, links und rechts) sowie Trugkölbchen (*Heteranthera zosterifolia*) und Sumpffreund (*Limnophila aromaticoides*) müssen regelmäßig gekürzt werden.

lich sollte der Filter eines gut bepflanzten Aquariums aber nur dann gereinigt werden, wenn er so stark verschlammt ist, dass eine ausreichende Strömung nicht mehr gewährleistet wird. In dicht bepflanzten Aquarien mit normalem Fischbesatz ist das Reinigen des Filters nicht öfter als alle zwei bis drei Monate erforderlich. Dabei wird jeweils nur ein Teil des Filtermaterials ausgetauscht, damit genügend von den nützlichen Bakterien erhalten bleiben.

▶ **Überprüfen der technischen Anlagen**

Es versteht sich von selbst, dass die technische Einrichtung des Aquariums regelmäßig auf ihre Funktion überprüft werden muss. Sollte der Filter einmal länger als sechs Stunden ausfallen, ist ein Auswaschen des Filtermaterials erforderlich, damit das Aquarienwasser durch abgestorbene Bakterien nicht vergiftet wird.

Unproblematisch ist es gewöhnlich, wenn die CO_2-Düngung für ein paar Tage ausfällt. Der pH-Wert steigt zwar während dieser Zeit an, was sich aber auch in natürlichen Habitaten saisonal in gewissen Grenzen beobachten lässt, und das Pflanzenwachstum beginnt zu stagnieren. In einem dicht bepflanzten Aquarium wird man nach etwa einer Woche die ersten Kalkablagerungen durch biogene Entkalkung (siehe Seite 27) auf großblättrigen Pflanzen (z.B. *Echinodorus*-Arten) bemerken können. Das ist nicht weiter problematisch, denn nach erneuter Zugabe von Kohlendioxid in das Aquarienwasser wird das Pflanzenwachstum wieder verstärkt angeregt.

▶ **Ein Tipp für den Urlaub**

Eine verringerte Zufuhr oder ein vollständiges Abstellen der Kohlendioxiddüngung während eines mehrwöchigen Urlaubes hat sich bei den dicht bepflanzten und „normal" mit Fischen besetzten Aquarien der Verfasserin seit vielen Jahren bewährt und soll als Empfehlung für solche Becken gelten, die ein sehr schnelles und besonders dichtes Pflanzenwachstum aufweisen. Der pH-Wert in den mit Kohlendioxid gedüngten Aquarien der Verfasserin schwankt in der Regel zwischen 6,7 und 7,5; nach Abstellen oder Drosselung der CO_2-Anlage steigt dieser nach wenigen Tagen auf etwa 7,8 bis 8,2 an – nun ist ein deutliches Nachlassen des Pflanzenwuchses zu bemerken. Zudem lässt sich jetzt gut beobachten, welche Pflanzenarten Hydrogencarbonationen assimilieren können und fast unvermindert weiterwachsen und welche auf das freie Kohlendioxid im Wasser angewiesen sind und im Wachstum zunehmend stagnieren. Die folgenden zwei bis drei Wochen können fast alle Aquarienpflanzen bei einem pH-Wert um 8 problemlos „durchhalten", danach aber sollte Kohlendioxid wieder zugeführt werden.

Das vollständige Abstellen oder die Verringerung der Kohlendioxidzufuhr hat zur Folge, dass auch dicht bepflanzte Aquarien während einer mehrwöchigen Reise (bis zu maximal vier Wochen) nicht vollständig außer Kontrolle geraten, sondern nach Urlaubsende in einem noch akzeptablen Zustand sind. Würde das Pflanzenwachstum unvermindert anhalten und nicht auf die geschilderte Weise regulierend eingegriffen werden, würde sich durch schnellwüchsige Stängelpflanzen an der Wasseroberfläche ein dichter Pflanzendschungel bilden, der kleinwüchsige, lichtliebende Arten aufgrund von Lichtmangel zum Absterben brächte.

Natürlich muss ein vorübergehendes Abstellen der CO_2-Anlage fischverträglich sein. Bei den meisten Fischarten (z.B. Lebendgebärende Zahnkarpfen, viele *Apistogramma*-Arten, größere Buntbarsche und viele Welse) wirkt sich ein vorübergehend alkalischer pH-Wert nicht negativ aus; vielfach wird durch das nach dem Urlaub wieder erfolgte Absenken des pH-Wertes sogar ein Ablaichen der Fische stimuliert. Bei der Pflege von besonders empfindlichen Fischen mit einer geringen Toleranzbreite (z.B. Diskusfischen) ist allerdings Vorsicht bei jeder Veränderung angebracht!

Sollten Sie unsicher über die Auswirkungen einer pH-Änderung in Ihrem Aquarium sein, testen Sie vorsichtig die Reaktion von Fischen und Pflanzen einige Wochen vor dem geplanten Urlaub und beobachten sie die Fische und Pflanzen sehr genau.

Das Papageienblatt (*Alternanthera reineckii* 'Rot') wächst schnell und überwuchert leicht andere Arten.

Probleme mit Algen

108	▶ Allgemeine Ursachen	116	▶	Grünalgen
111	▶ Vorbeugende Maßnahmen	117	▶	Kieselalgen
112	▶ Algenbekämpfung durch Fische	118	▶	Rotalgen
		119	▶	Blaualgen
114	▶ Biologische Algenbekämpfung			

Für viele Aquarianer sind ungelöste Algenprobleme der wichtigste Grund, dieses schöne Hobby nach einer langen Zeit der Enttäuschungen wieder aufzugeben. Diese Tatsache stimmt sehr nachdenklich, denn ein übermäßiges Algenwachstum lässt sich in den Griff bekommen, wenn es gelingt, die Ursachen herauszufinden und abzustellen. Natürlich ist dies leichter gesagt als getan, und wer behauptet, Patentrezepte zu besitzen, wird oftmals schnell eines Besseren belehrt. Gerade weil wir bei der Ursachenforschung und den Bekämpfungsmethoden so wenig wissen, fiel mir auch das Schreiben dieses Kapitels besonders schwer. Im Folgenden habe ich das zusammengetragen, was ich in meiner langjährigen Aquarianerpraxis gelernt habe.

▶ **Allgemeine Ursachen**

Jedes Aquarium bildet ein kleines, abgeschlossenes Ökosystem, das in seiner Konstellation einmalig und mit keinem anderen Aquarium identisch ist. Nur so ist es erklärbar, dass sich zwei vollständig gleich eingerichtete Aquarien in der Folgezeit dennoch unterschiedlich entwickeln können. Natürlich kann sich derjenige glücklich schätzen, der überhaupt keine Algenprobleme kennt. Aber solche Aquarienbesitzer gibt es nur sehr selten. Wohl jeder langjährige Aquarianer wird irgendwann Algen kennen lernen und versuchen, ihr Auftreten zu verhindern. Sofern sie nicht überhand nehmen und zu einer Plage werden, sollte der Aquarianer aber bestrebt sein, sich mit dem Algenwachstum zu arrangieren. Beson-

Der Wunsch eines jeden Aquarianers ist ein algenfreies Aquarium. Nur durch ein dichtes und gesundes Pflanzenwachstum lassen sich die Algen unter Kontrolle halten.

ders wichtig erscheint mir zu vermitteln, dass das Auftreten von Algen im Aquarium in tolerierbaren Grenzen meistens naturnah ist und nicht gleich als etwas angesehen werden sollte, das es zu bekämpfen gilt.

Die allgemeine Behauptung, dass Algen in gut funktionierenden Aquarien keine Chance zum Gedeihen haben, trifft nicht immer zu. Algen treten in Abhängigkeit von Licht und Nährstoffangebot grundsätzlich sowohl in schlecht bepflanzten als auch in dicht bewachsenen Aquarien als Nährstoffkonkurrenten auf. Ein massenhaftes Auftreten von Algen ist aber oftmals die Folge von unzureichend assimilierenden Pflanzen, denn dann sind Algen im Wachstumsvorteil. Schnell und gesund wachsende sowie dicht gruppierte Aquarienpflanzen sind daher die wichtigsten Voraussetzungen zur Vorbeugung und Bekämpfung von Algen.

Warum sind Algen so schwer zu bekämpfen?

Bis heute sind etwa 25 000 Algenarten beschrieben worden, die zu den Niederen Pflanzen gehören. (Manche Autoren zählen die Blaualgen nicht mehr zu den Algen, sondern bezeichnen sie als Cyanobakterien.) Ihre wissenschaftliche Bestim-

Der Grünalgenbelag auf den Blättern des Wasserfreundes (*Hygrophila corymbosa*) zeigt gesunde Nährstoffverhältnisse an, wirkt aber störend.

Ein geringes Grünalgenwachstum auf den Blättern von *Echinodorus horizontalis* ist tolerierbar. Auf keinen Fall sollten diese Algen chemisch bekämpft werden.

Schnell wachsende Pflanzen, wie *Didiplis diandra* (Bachburgel), *Alternanthera reineckii* (Papageienblatt) und *Heteranthera zosterifolia* (Trugkölbchen), lassen sich zur Bekämpfung eines massenhaften Algenwuchses einsetzen.

mung ist äußerst schwierig und nur dem erfahrenen Algenspezialisten möglich. Deshalb ist die Übertragung von erfolgreichen Bekämpfungskonzepten auf andere Aquarien (Patentrezept) nicht grundsätzlich möglich.

Viele Algen benötigen ähnliche Wachstumsvoraussetzungen wie die Aquarienpflanzen. Demzufolge bewirkt ihre chemische Bekämpfung fast immer auch Schäden an den Aquarienpflanzen. Wissenschaftliche Forschungen zur Ernährungsphysiologie der im Aquarium auftretenden Algen fehlen oder sind nicht auf die Verhältnisse des Gesellschaftsbeckens übertragbar. Hinweise zu ihrer Bekämpfung sind deshalb fast immer nur ganz allgemein für Algen-

gruppen und nicht artspezifisch zu werten.

Algen wachsen bei günstigen Lebensbedingungen sehr schnell und können Aquarienpflanzen leicht überwuchern und zum Ersticken bringen (z. B. Blaualgen). Ihre mechanische Entfernung ist mühsam, zeitraubend und fordert große Geduld.

Allgemeine Ursachen für ein massenhaftes Auftreten von Algen können sein:
- zu hoher Fischbesatz,
- schlechtes Pflanzenwachstum,
- übermäßige Fütterung, die Abfallprodukte können nicht abgebaut werden,
- zu wenig oder in zu großen Abständen durchgeführter Wasserwechsel, dadurch Anreicherung von Schadstoffen,
- Überangebot an Nährstoffen durch unkontrollierte Düngung oder zu nährstoffreicher Bodengrund,
- unausgewogenes Verhältnis von Nährstoffen, z. B. hoher Nitratgehalt, hoher Phosphatgehalt,
- zu intensives Licht oder ungünstige Lichtverhältnisse,
- alkalischer pH-Wert und deshalb zu wenig freies Kohlendioxid, infolgedessen schlechtes Pflanzenwachstum und günstiges Milieu für Algen.

▶ Vorbeugende Maßnahmen

Wenn man die oben angeführten Ursachen für das Auftreten von Algen im Aquarium kennt, lässt sich oftmals ihr massenhaftes Auftreten verhindern. Wichtig sind deshalb folgende vorbeugende Maßnahmen gegen ein übermäßiges Algenwachstum:

Gesunde Pflanzen sind die besten Maßnahmen zur Vorbeugung und Bekämpfung von Algen.

Der kleine Wasserfreund, *Hygrophila polysperma*, kann zur Algenbekämpfung eingesetzt werden, da er durch sein schnelles und anspruchsloses Wachstum dem Wasser viele Nährstoffe entzieht.

In diesem ausschließlich mit Buntbarschen aus dem Malawisee besetzten Aquarium ist ein mäßiges Grünalgenwachstum erwünscht, weil es eine natürliche Nahrungsquelle für die Fische bildet. Die ungewöhnliche Pflanzendekoration dieses 400-Liter-Aquariums besteht fast nur aus *Anubias barteri* var. *nana*.

- mäßiger Fischbesatz,
- gut wachsende Pflanzen, dichter Pflanzenbewuchs (insbesondere bei der Neueinrichtung) mit schnell wachsenden Arten,
- kontrollierte Fütterung,
- regelmäßige Pflege des Aquariums,
- regelmäßiger Teilwasserwechsel,
- kontrollierte Zugabe von Düngern und dies möglichst nur bei sichtbaren Pflanzenschäden,
- auf das Pflanzenwachstum abgestimmte Beleuchtung,
- stabiles Milieu durch Einsatz eines biologisch arbeitenden Filters (kein Einsatz von Kohle),
- regelmäßige Kontrolle der wichtigsten Wasserwerte.

Treten trotz dieser Vorbeugungsmaßnahmen lästige Algen in größeren Mengen auf, sollte zunächst versucht werden, sie nur mechanisch oder biologisch zu bekämpfen und chemische Mittel zu vermeiden. Denn die Anwendung von jeglicher Chemie im Aquarium kann das Ökosystem Aquarium erheblich und nachhaltig stören. Mit dem Einsatz von chemischen Präparaten zur Bekämpfung von Algen sollte man grundsätzlich äußerst vorsichtig umgehen. Nicht selten zeigt sich die Zugabe eines Algizids nicht nur als Killer der Algen, sondern auch der übrigen Wasserflora!

▶ **Algenbekämpfung durch Fische**
Zahlreiche Fischarten nehmen mehr oder weniger Algen als Nahrung auf. Beispielsweise haben sich viele Buntbarsche aus den großen afrikanischen Grabenseen (Tanganjika, Malawi, Viktoria) auf das Abweiden der Algen von Felsen und Steinen spezialisiert, und der Aufwuchs bildet eine wichtige Nahrungsgrundlage. In Biotopaquarien mit diesen Fischen sollten demzufolge Algen ein wesentlicher Bestandteil der Nahrungskette sein, und insbesondere Grünalgen sind sehr erwünscht. Die gemeinsame Pflege vieler dieser Fische und der meisten Aquarienpflanzen ist wenig problematisch.

Als natürliche Algenfresser sind insbe-

sondere Lebendgebärende Zahnkarpfen (u.a. Platys, Black Mollys, Schwertträger, Papageienkärpflinge) zu nennen, die bei nur mäßiger Fütterung gerne schleimige und fädige Grünalgen fressen und an diesen ständig herumzupfen.

Aber auch alle kleineren Arten der Welsgattungen *Ancistrus* und uneingeschränkt alle Arten der Gattung *Otocinclus* weiden Kieselalgen sowie Grünalgen im Anfangsstadium ab. Bei anderen Welsen, insbesondere größer werdenden Arten, ist allerdings Vorsicht geboten, denn diese vergreifen sich gerne auch an größeren Blättern, bevorzugt an Schwertpflanzen (*Echinodorus*), und hinterlassen ihre Fraßspuren.

Die häufig genannte Siamesische Rüsselbarbe, *Epalzeorhynchus siamensis*, bewirkt nur dann eine effektive Algenreduzierung, wenn die Tiere noch ganz jung sind und in großer Zahl eingesetzt werden. Zu beachten ist auch, dass erwachsene Rüsselbarben untereinander häufig sehr unverträglich sind.

Der Einsatz von Algen fressenden Fischen ist natürlich nur dann effektiv, wenn nicht übermäßig gefüttert wird. Gut genährte Fische können übrigens durchaus ein bis zwei Wochen gänzlich ohne Fütterung auskommen!

Melanochromis auratus ist ein Aufwuchsfresser aus der Felsen- und Geröllzone des Malawisees.

▶ Biologische Algenbekämpfung

Algen sind grundsätzlich als Nahrungskonkurrenten von Aquarienpflanzen zu sehen. Einige wenige Wasserpflanzen besitzen aufgrund ihrer hohen Wachstumsgeschwindigkeit und Anpassungsfähigkeit die Eigenschaft, dem Wasser ungewöhnlich große Mengen an Nährstoffen zu entziehen. Bei einer Überdüngung des Aquarienwassers und einem massenhaften Auftreten von Algen sind folgende Pflanzen für die biologische Algenbekämpfung im Aquarium besonders empfehlenswert:

An erster Stelle stehen die einheimischen Hornblätter *Ceratophyllum demersum* und *C. submersum*. Bei diesen handelt es sich um echte Wasserpflanzen (ohne Wurzelbildung), die man in großer Menge zu Büscheln als Stängelpflanze

Die Argentinische Wasserpest (*Egeria densa*) kann zur biologischen Algenbekämpfung eingesetzt werden.

Hornblatt (*Ceratophyllum demersum*) und rechts Wasserpest (*Egeria najas*) entziehen durch ihr schnelles Wachstum dem Aquarienwasser große Nährstoffmengen.

Auch die Muschelblume (*Pistia stratiotes*) entzieht dem Wasser viele Nährstoffe und lässt sich deshalb zur biologischen Algenbekämpfung verwenden.

Auch wenn Wasserlinsen lästig sind, so können sie doch nützlich sein: Sie reduzieren einen zu hohen Nährstoffgehalt des Wassers.

oder flutend an der Wasseroberfläche verwenden kann. Auch die Wasserpestarten *Egeria densa*, *Egeria najas* und *Elodea canadensis* sind schnellwüchsig und sehen zudem sehr dekorativ aus.

Als Schwimmpflanzen einsetzbar sind die Muschelblume, *Pistia stratiotes*, und nicht zuletzt auch Wasserlinsen (Lemnaceae), deren zügiges Wachstum ein deutlicher Hinweis auf ein hohes Nährstoffangebot ist; allerdings sind sie nur schwer wieder zu entfernen. Die für die professionelle Gewässerreinigung einsetzbaren einheimischen Pflanzen eignen sich leider nicht für die Verwendung im Aquarium.

Grüne Büschelalgen zeigen eine hohe Gewässergüte an, sind aber bei massenhaftem Auftreten lästig. Ihre Bekämpfung sollte auf keinen Fall chemisch erfolgen.

▶ Grünalgen

Nach Strasburger (Lehrbuch der Botanik 1991) umfassen die Grünalgen oder *Chlorophyta* 7 000 Arten. Es handelt sich um mikroskopisch kleine Einzeller, unverzweigte oder verzweigte, oft dichte Büschel bildende Fadenalgen oder auch komplexer gestaltete Gewächse. Sie besitzen rein grüne Chloroplasten, weshalb sie äußerlich meist an ihrer grünen Färbung zu erkennen sind.

Das Auftreten von Grünalgen im Aquarium ist in der Regel ein Zeichen hoher Wassergüte. Ein geringes Grünalgenwachstum auf Blättern ist nicht schädlich und sollte als natürlich betrachtet und dort belassen werden. Grünalgen in Form von pelzartigem Aussehen sind gewöhnlich auf ungünstige Lichtverhältnisse zurückzuführen; ihr Auftreten lässt sich häufig schon durch Ändern der Lichtfarbe reduzieren.

Lästig sind Fadenalgen (Gattung *Spirogyra* mit zahlreichen Arten) und watteähnliche Grünalgen (Gattung *Cladophora*), die bei einem hohen Angebot an Nährstoffen, insbesondere nach der Neueinrichtung eines Aquariums, vermehrt auftreten können. Ein starke Vermehrung von Fadenalgen bekommt man erst nach mehreren Wochen in den Griff, nämlich dann, wenn der Überschuss an Nährstoffen verbraucht ist. Der Aquarianer sollte diese Zeit geduldig abwarten und die Algen regelmäßig mechanisch entfernen. (Bei langfädigen Grünalgen hilft eine dünne Flaschenreinigungsbürste). Auf keinen Fall sollten aber Algizide verwendet werden, die das gesamte „biologische Gleichgewicht" empfindlich stören können.

Büschelig wachsende Grünalgen sind leicht zu entfernen, wirken aber auch sehr dekorativ auf Steinen und Holzwurzeln, wo man sie möglichst belassen sollte.

In Japanischen Naturaquarien wird gegen Fadenalgen die attraktive Süßwassergarnele *Caridina japonica* eingesetzt. Nach den Beobachtungen der Verfasserin können aber auch sehr große Mengen dieser Garnelenart nur eine mäßige Algenreduzierung bewirken. Gegen ein massenhaftes Auftreten von Fadenalgen ist ihre Verwendung wenig wirksam. Hinzu kommt, dass die Garnelen bei der Nahrungssuche lieber Trockenfutter als Algen verzehren.

Eine Wassertrübung durch grüne Schwebealgen (Algenblüte) ist ebenfalls

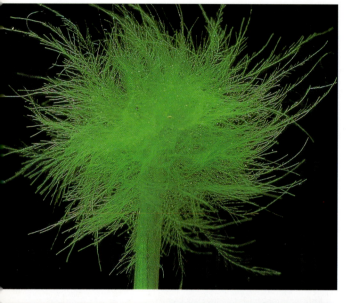

ein Zeichen eines zu hohen Nährstoffgehaltes. Aufgrund der Lichtminderung können Pflanzenschäden auftreten. Der Einsatz eines UV-Strahlers bringt schnell Hilfe. Auch eine große Menge Wasserflöhe (Daphnien) kann umgehende Wirkung zeigen.

▶ Kieselalgen

Kieselalgen (Diatomeae) sind mit 6 000 Arten sehr formenreich. Ihre Färbung ist braun, weshalb die Aquarianer sie fälschlicherweise als „Braunalgen" oder „Braune Schmieralgen" bezeichnen. Kieselalgen treten im Aquarium nur sehr selten auf. Gewöhnlich sind die braunen, schmierigen Algenbeläge ein Zeichen von zu geringer Beleuchtung oder falscher Lampenwahl. Manchmal liegt auch eine Überdüngung vor.

Die Bekämpfung dieser Algen gelingt im Allgemeinen leicht durch eine Veränderung der spektralen Zusammensetzung des Lichtes, eine Erhöhung der Lichtintensität sowie einen Wasserwechsel. Auch mit Algen fressenden Fischen und Apfelschnecken lassen sich Kieselalgen gut bekämpfen.

Sollten die genannten Maßnahmen mit Geduld über einen längeren Zeitraum ausprobiert worden und dennoch wirkungslos geblieben sein, kann eine kurzfristige Erhöhung des Salzgehaltes Hilfe bringen. Diese radikale Methode bleibt zwar für die meisten Fische und Pflanzen ohne negative Auswirkungen, es muss aber betont werden, dass besonders empfindliche Fische und Pflanzen Schaden nehmen können. Bei dieser Behandlung wird auf 100 l Aquarienwasser ein gestrichener Esslöffel Kochsalz (15 g) zugegeben. Die Erhöhung des osmotischen Druckes bewirkt eine Schädigung der Algenzellen. Spätestens nach zwei Tagen sollte ein Wasserwechsel von mindestens 50 % vorgenommen werden, um die hohe Salzkonzentration wieder zu verringern (Leitfähigkeit messen!).

Fädige Grünalgen setzen sich mit Vorliebe zwischen kleinblättrige Vordergrundpflanzen wie hier zwischen die Grasartigen Schwertpflanzen (*Echinodorus tenellus*). Mit einer Flaschenreinigungsbürste oder beim regelmäßigen Wasserwechsel lassen sich die Algen mit einem Schlauch leicht entfernen.

Pinselalgen sind besonders hartnäckig. Sie treten häufig bei Überdüngung mit Eisen auf.

▶ Rotalgen

Die den Aquarianern bekannten Pinsel- und Bartalgen gehören zu den Rotalgen oder *Rhodophyta*, von denen 4.000 Arten beschrieben wurden. Im Aquarium auftretende Rotalgen sind meistens dunkelbraunrot bis nahezu schwarz gefärbt. Manche Rotalgen wachsen nur in schnell fließenden Gewässern mit hoher Wassergüte.

Der Nachweis von Rotalgen kann leicht geführt werden: Werden die Algen in Spiritus oder Aceton gelegt, wird der grüne Farbstoff herausgelöst, und die Algen erscheinen rot (J. Clasen, Aqua-Planta 2/1976).

Die Aquarianer kennen Rotalgen in Gestalt von mehr oder weniger kurzen Fäden (Bartalge, Gattung *Compsopogon*) oder pinselartigen Büscheln (Pinselalgen, Gattung *Chantransia*). Diese Algen besiedeln auf sehr hartnäckige Weise Dekorationsgegenstände und besonders die Blattoberseiten grobblättriger Pflanzen (z.B. *Anubias*, *Echinodorus*). Treten die genannten Algen nur in geringen Mengen auf, können sie meistens durch Abschneiden älterer Blätter entfernt werden. Hässlich sehen sie insbesondere dann aus, wenn sie die Ränder von Blättern dicht bewachsen. Auf Steinen und Holzwurzeln erscheinen sie dagegen oftmals recht dekorativ, und wenn sie nicht stören, sollten sie dort belassen werden.

Die Ursachen für ein massenhaftes Auftreten von Pinsel- und Bartalgen im Aquarium sind noch weitestgehend unbekannt. Vermutlich fördert eine sehr hohe Belastung des Wassers mit organischen Stoffen ihr Wachstum.

Versuche der Verfasserin mit verschiedenen Eisendüngern zeigten, dass offensichtlich ein Zusammenhang zwischen ihrem Auftreten und dem Eisengehalt des Wassers besteht. Durch Zugabe handelsüblicher Eisendünger wurde ein massenhaftes Bart- und Pinselalgenwachstum induziert, das nach Absetzen des Düngers, einem Wasserwechsel und etwa vierwöchiger Wartezeit wieder vollständig verschwand. Bei etlichen Aquarianern, die der Verfasserin ihre Probleme mit

Pinsel- und Bartalgen geschildert hatten, stellte sich heraus, dass mit dem Auftreten dieser Algen eine übermäßige (Eisen-)Düngung einherging. Wurde diese eingestellt, verringerte sich sofort das Algenwachstum und hörte in den meisten Fällen nach einigen Wochen von selbst auf. Es ist aber davon auszugehen, dass es neben den geschilderten weitere Ursachen für das Auftreten von Pinsel- und Bartalgen gibt, die noch nicht erkannt sind.

Gelegentlich wurde von einer Bekämpfung durch Senken des pH-Wertes auf etwa 3 berichtet, doch ist diese Methode in einem mit Fischen besetzten und bepflanzten Aquarium nicht praktikabel, und auch das Wachstum der Höheren Pflanzen wird stark geschädigt. Andere Erfahrungen zeigen wiederum auf gegenteilige Weise, dass sich Pinselalgen in einem sehr sauren Milieu von pH 4 besonders wohl fühlten und nur eine Erhöhung des pH-Wertes auf über 6 eine Verminderung des Algenwuchses bewirkte.

Einen guten Erfolg bei der Bekämpfung von Bartalgen konnte die Verfasserin mit dem Algizid Protalon 707 (niederländischer Hersteller eSHa Laboratorium, Vertrieb auch in Deutschland) erzielen. Allerdings ist bei Verwendung dieses Mittels mit einer Schädigung von feingliedrigen Pflanzen (*Ceratophyllum*, *Cabomba*, *Myriophyllum*) zu rechnen. Das Präparat sollte aber nur dann angewendet werden, wenn die Algen auf massive Weise die optische Wirkung beeinträchtigen.

▶ Blaualgen

Die Blaualgen oder *Cyanophyta* (Cyanobakterien) umfassen eine Gruppe von etwa 2.000 Arten. Sie können oft schon mit dem bloßen Auge als gallertartige Masse, feinfädige Überzüge und gefärbte Wasserblüten sichtbar sein. Viele dieser Arten leben auch außerhalb des Wassers.

Die Aquarianer verstehen unter der typischen Blaualge (Gattung *Oscillatoria*) ein schleimig-schmieriges, blaugrünes Gewächs, das schnell die gesamte Einrichtung des Aquariums mit einem dichten Teppich überzieht und alles Leben darunter erstickt. Diese Blaualge zeichnet sich durch einen charakteristischen und unangenehmen Geruch aus. Neben dieser Blaualge gibt es aber auch ähnlich schleimige, schwärzlich oder bräunlich aussehende Algenarten, die diesen Geruch nicht verbreiten, sich aber mit derselben Geschwindigkeit vermehren und die beschriebenen schleimig-flächigen Überzüge bilden.

Blaualgen sind ganz allgemein gesehen ein Zeichen von Störungen des biologischen Systems und treten leicht in einem neu eingerichteten und noch instabilen Milieu auf. In Aquarien mit gut assimilierenden Pflanzen wird man niemals ein Blaualgenwachstum finden, denn diese mögen kein sauerstofffreies Wasser. In einem eingefahrenen Aquarium bilden sich Blaualgen fast immer nur nach plötzlichen Veränderungen, beispielsweise einer Änderung der Beleuchtungsverhältnisse, der übermäßigen

Blaualgen (hier als schleimiger, grüner Überzug) zeigen eine schlechte Wasserqualität an und ersticken die Pflanzen schnell.

Blaualgen mögen kein sauerstoffreiches Wasser. In diesem Aquarium wurde durch Erhöhung des Sauerstoffgehaltes erfolgreich ein Blaualgenwachstum bekämpft. Stark assimilierende Pflanzen (Tausendblatt, Algenbälle sowie Teichlebermoos) zeigen ein gesundes Milieu an.

Zugabe eines Düngers oder der Verwendung eines chemisches Präparates.

Blaualgen zeigen vermutlich häufig eine schlechte Wasserqualität an. Die Ursachen können in einem niedrigen Sauerstoffgehalt, hohen Nährstoffgehalt (u. a. Nitrat, Phosphat), alkalischen pH-Wert, in einer hohen organischen Belastung oder in einer sehr starken Fütterung und – fast immer – einem lange Zeit versäumten Wasserwechsel liegen.

Obwohl ein geringes Blaualgenwachstum oftmals von selbst nach einiger Zeit verschwindet, ist ihre umgehende mechanische Entfernung ratsam. Wenn Blaualgen erst einmal überhand genommen haben, sind sie nur schwer erfolgreich zu bekämpfen. Deshalb ist eine regelmäßige Pflege des Aquariums die wichtigste Vorbeugung gegen ein Auftreten dieser Algen. Manchmal hilft ein ständiges mechanisches Entfernen, aber nach jedem Wasserwechsel treten die Algen verstärkt wieder auf.

Ein vollständiges Abdunkeln über drei bis sieben Tage führt gelegentlich zum Erfolg und sollte versucht werden, schädigt aber auch das Pflanzenwachstum. Wird dieser Versuch durchgeführt, sollten nach etwa drei bis fünf Tagen die abgestorbenen Algenreste entfernt werden. Nach Beendigung der Dunkelphase wird die Lichtstärke und Beleuchtungsdauer (am ersten Tag nur etwa drei bis fünf Stunden) nach und nach erhöht und sollte erst nach etwa einer Woche die volle Intensität besitzen. Wird aber die Ursache nicht zugleich erkannt und abgestellt, bilden sich die Algenbeläge nach Einschalten des Lichtes erneut.

Wirksam kann auch der vorübergehende Einsatz von Aktivkohle sein.

Gelegentlich wurde auch über die Bekämpfung von Blaualgen mit Kaliumsulfat berichtet (Aqua-Planta 3/1998), was die Verfasserin ebenfalls erfolgreich ausprobiert hat. Kalium ist ein sehr wichtiger Pflanzennährstoff und fehlt vermutlich häufig in Pflanzenaquarien. Blaualgen reagieren aber empfindlich auf Kaliumionen und können hierdurch geschädigt werden. Zur Bekämpfung und gleichzeitigem Anregen des Pflanzenwachstums wird ein Teelöffel Kaliumsulfat (8 g) auf 100 Liter Wasser zugegeben. Zuvor sollten die Algen mechanisch entfernt werden. Erst nach etwa einer Woche lässt sich ein Rückgang der Blaualgen feststellen. Über diese Konzentration hinaus können gelegentlich Pflanzenschäden beobachtet werden (z.B. bei *Ammannia* und *Nesaea*). Ob allerdings hohe Kaliumgaben wiederum andere Algenarten begünstigen, ist bislang nicht bekannt. Anzumerken ist auch, dass die hohe Kaliumgabe die Leitfähigkeit stark erhöht, weshalb nach dieser Behandlung ein mehrfacher Teilwasserwechsel zu empfehlen ist.

Eine Bekämpfung von Blaualgen mit Hilfe von Gerstenstroh, das in einen klei-

nen Beutel gefüllt wird, ist zwar im Gartenteich praktikabel, aber wenig für die Algenbekämpfung im Aquarium zu empfehlen.

Ferner möchte ich von der Bekämpfung mit Antibiotika abraten.

Helfen die genannten Methoden nicht, so möchte ich zwei weitere Bekämpfungsmöglichkeiten empfehlen, die bei zahlreichen Versuchen der Verfasserin und befreundeten Aquarianern zur dauerhaften Beseitigung der Blaualgen geführt haben. Deutlich betonen möchte ich aber, dass auch diese Methoden keine Patentrezepte zur Bekämpfung von Blaualgen sind und sicher auch im Einzelfall nicht unbedingt den gewünschten Erfolg bringen.

ERHÖHUNG DES SAUERSTOFFGEHALTES ▶ Ein Blaualgenwachstum tritt im Aquarium offensichtlich in Verbindung mit einem niedrigen Sauerstoffgehalt auf. Es ist deshalb sinnvoll, den Sauerstoffgehalt des Wassers zu erhöhen. Dieses kann man einerseits durch den Einsatz gut assimilierender Pflanzen erreichen, anderseits aber auch durch die Verwendung eines Oxydators, der im Fachhandel erhältlich ist. In diesen wird nach Anleitung des Herstellers eine 3- bis 10%ige Wasserstoffperoxid-Lösung eingefüllt. Der vom Oxydator abgegebene Sauerstoff löst sich im Wasser, erhöht dadurch den Sauerstoffgehalt und bewirkt einen umgehenden Rückgang des Blaualgenwachstums. Einzelne besonders empfindliche Pflanzen, zum Beispiel *Ceratophyllum demersum* (Hornblatt), können so geschädigt werden, dass sie sich auflösen. Die meisten Aquarienpflanzen reagieren aber auf den erhöhten Sauerstoffgehalt des Wassers mit einem schnelleren Wachstum.

Wird ein Versuch durchgeführt, sollte zunächst die niedrigste Dosierung von 3 % Wasserstoffperoxid ausprobiert und die Reaktion abgewartet werden. Vorher sollten natürlich alle Blaualgen so gut wie möglich mechanisch entfernt werden. Der Einsatz eines Oxydators ist bei dieser Handhabung unschädlich für den Fischbesatz.

Die Bildung von Sauerstoffblasen bei *Micranthemum umbrosum* (Rundblättriges Perlenkraut) ist bei einem guten Wuchsklima täglich im Aquarium zu beobachten.

EINSATZ DES ALGIZIDS REDOXIN ▶

Im Fachhandel werden zahlreiche chemische Präparate zur Bekämpfung von Algen empfohlen. Von diesen Algiziden ist Redoxin (deutscher Hersteller Aqua Technic) zur Bekämpfung von Blaualgen ein wirksames Mittel. Bei der im Folgenden geschilderten Methode war allerdings nur eine schädigende Wirkung auf die oben beschriebene, im Aquarium am häufigsten auftretende Blaualge festzustellen. Bei schwärzlichen und purpurn gefärbten Blaualgen war keine Beeinträchtigung der Vermehrung zu bemerken. Eine vom Hersteller angegebene schädigende Wirkung auf Bartalgen konnte ebenfalls nicht festgestellt werden.

Bei den Versuchen reichte im Allgemeinen die angegebene einfache Dosierung aus. Nur in hartnäckigen Fällen wurde die Dosis auf das Doppelte erhöht oder die Behandlung ein zweites Mal durchgeführt. Die Aquarien wurden zunächst mechanisch von Blaualgen befreit, und es erfolgte ein 30- bis 100prozentiger Wasserwechsel. Nach der Zugabe von Redoxin färbt sich das Wasser stark grün (durch Trypaflavin?). Diese Färbung hält sich im Aquarium wochenlang und ist ein großer Nachteil des Algizids. Schon nach drei bis vier Tagen konnte jeweils ein Absterben der noch verbliebenen Blaualgen verzeichnet werden. Nur in wenigen Fällen blieben Blaualgenreste zurück.

Die empfindliche *Rotala wallichii* wird bei der Anwendung von Algiziden stark geschädigt.

Redoxin wurde auch mit Erfolg zur Vorbeugung bei der Neueinrichtung von kleinen Zuchtaquarien ausprobiert. Während ohne den Zusatz häufig Blaualgen auftraten, bildeten sich bei der Zugabe keine Algen. Schädigungen an Fischen, ihren Spermien oder Eiern wurden niemals festgestellt.

Die nach Zugabe von Redoxin bemerkten Pflanzenschäden waren im Allgemeinen gering und betrafen vorwiegend zarte und feingliedrige Arten. Einige Stängelpflanzen verloren die Blätter an den unteren Knoten. Dagegen wuchsen aber viele Arten nach der „Befreiung" von den Blaualgen beschleunigt weiter. Eine mehrfach wiederholte Behandlung führte aber auch bei sonst unempfindlichen Pflanzen (zum Beispiel *Anubias*-Arten) zu deutlichen Schäden.

Die Wasserwerte in den Versuchsaquarien waren sehr unterschiedlich, weshalb sie vermutlich keinen bedeutenden Einfluss auf die Ergebnisse hatten. Anzumerken ist noch, dass nach dem Einsatz von Redoxin und dem Verschwinden der Blaualgen häufig ein verstärktes Wachstum fädiger Grünalgen auftrat.

Abschließend möchte ich betonen, dass auch der Einsatz dieses Algizids kein Allheilmittel darstellt, nur im äußersten Notfall angewendet werden sollte und sicher auch im Einzelfall nicht unbedingt den gewünschten Erfolg bringt.

Das Perlenkraut (*Micranthemum umbrosum*, Mitte) reagiert auf Algizide äußerst empfindlich, nicht dagegen die Kardinalslobelie (*Lobelia cardinalis*, vorn).

Die verschiedenen Formen des Wasserfreundes (*Hygrophila corymbosa*) sind robuste Pflanzen, die eine Anwendung von Algiziden meistens gut überstehen.

Spezielle Pflanzenaquarien

▶ 124 **Das Holländische Pflanzenaquarium**

▶ 126 **Japanische Naturaquarien**

Die Holländischen Pflanzenaquarien der Familien Kouwenhoven und Krijsman

▶ **Das Holländische Pflanzenaquarium**

In den 60er Jahren gelangte das Holländische Pflanzenaquarium weit über die Landesgrenzen hinaus zu Weltruhm. Bis zu diesem Zeitpunkt galt das allgemeine Interesse der Aquarianer vorwiegend der Pflege von Fischen; entsprechend spärlich und langweilig waren häufig die Aquarien bepflanzt. Mit der Veröffentlichung von Fotos prächtig bepflanzter Holländischer Aquarien wurde auch bei vielen Aquarianern im übrigen Europa der Wunsch nach der Gestaltung eines abwechslungsreichen Unterwassergartens geweckt, und man erkannte den dekorativen und biologischen Zweck einer üppigen Bepflanzung. Mittlerweile findet man in der ganzen Welt wirkungsvoll bepflanzte Aquarien nach dem Vorbild des Holländischen Pflanzenaquariums.

Wodurch zeichnet sich ein Holländisches Pflanzenaquarium aus?

Zunächst einmal weisen Holländische Pflanzenaquarien in der Regel eine Rundum-Holzverkleidung auf, die harmonisch

an das Mobiliar des Wohnzimmers angepasst ist; gelegentlich sind die Aquarien frei hängend in eine Wand integriert. Im deutlichen Unterschied zu den Japanischen Naturaquarien besitzen Holländische Pflanzenaquarien dekorierte Seiten- und Rückwände, die den Eindruck eines abgeschlossenen Systems verstärken.

Charakteristisch für Holländische Pflanzenaquarien – und dies steht im deutlichen Unterschied zu den meisten deutschen Aquarien – sind selbst gebaute Aquarienabdeckungen mit einer möglichst großen Zahl an Leuchtstofflampen. In den Niederlanden weiß man schon seit vielen Jahren, dass anspruchsvolle Pflanzenarten am besten bei intensivem Licht gedeihen und an dieser Stelle nicht gespart werden darf.

Strenge und umfangreiche Regeln des Niederländischen Aquarienverbandes (NBAT) weisen den Weg zu einem Pflanzenaquarium. So dürfen nur wenige Arten verwendet werden, die in großen Gruppen dergestalt harmonisch zusammengefügt werden sollen, dass farblich und in gestalterischer Hinsicht gleichartige Pflanzen niemals nebeneinander angeordnet sind. Eine Faustregel besagt, dass nur eine Art auf einer Fläche von 10 × 10 cm Platz verwendet werden soll.

Als wichtige Grundlage für die Gruppierung von Pflanzen dienen die Regeln des Goldenen Schnittes (siehe Seite 88). Mit Solitärpflanzen muss sparsam umgegangen werden: Auf 300 Liter Wasser darf nur eine Art eingesetzt werden. Wichtig für die dekorative Gestaltung sind ferner eine asymmetrische Anordnung der Pflanzengruppen, die sparsame Verwendung von rotblättrigen Arten als Blickfang, die Gestaltung einer Pflanzen-

Beeindruckende Unterwassergärten zeichnen sich aus durch den geschickten Einsatz großer Pflanzengruppen, die abwechslungsreiche Kontraste bilden.

straße zur Erhöhung der Tiefenwirkung sowie das sorgfältige Verstecken der technischen Geräte.

Die Besitzer Holländischer Pflanzenaquarien bemühen sich in auffälliger Weise um die Kultur besonders anspruchsvoller Aquarienpflanzen, wie *Glossostigma elatinoides* (Zungenblatt), *Ammannia gracilis* (Cognacpflanze), *Hydrotriche hottoniiflora* (Wasserhaar), *Myriophyllum mattogrossense* (Tausendblatt), *Rotala macrandra* oder *Rotala wallichii*.

Seit Jahren geht das Gerücht um, dass in Holländischen Pflanzenaquarien nur wenige Fische gepflegt werden. Tatsächlich habe ich in diesen Aquarien viele interessante Fischarten gesehen, im Unterschied zu deutschen Aquarien waren diese Becken jedoch niemals mit Fischen überbesetzt!

▶ **Japanische Naturaquarien**
Seit 1994 vermitteln zahlreiche Bücher von Takashi Amano seine Philosophie von der Einrichtung Japanischer Naturaquarien. Die Publikationen zeigen prächtige Fotos mit für Europäer ungewohnt bepflanzten Aquarien. Die Seitenwände sind fast immer frei von Dekoration, was häufig auch für die Rückwand zutrifft, die meistens aus einer schwarzen oder dem Meer nachempfundenen blauen Folie besteht. Für die Bepflanzung werden nur wenige, ganz bestimmte und immer wiederkehrende Arten verwendet, die in Kombination mit Holz und Steinen als gestalterische Elemente dienen. Charakteristisch für die von Amano geprägten Naturaquarien sind auf Wurzeln aufgebundene Farne, die als frei im Raum stehende Blickfänge dienen, zahlreiche mit stark assimilierenden *Riccia fluitans* (Teichlebermoos) dekorierte Steine, die Gestaltung großer Flächen mit *Glossostigma elatinoides* (Zungenblatt) oder *Eleocharis acicularis* (Nadelsimse) im Vordergrund.

Das Besondere an Amanos Kompositionen ist eine weitläufige und dichte Bepflanzung des Vordergrundes mit kleinwüchsigen und zierlichen Arten, die eine notwendige Tiefe schafft, sowie ein immer vorhandener „leerer" Raum, der einen Eindruck von Ruhe und Reduktion auf das Wesentliche vermitteln soll. Die Betonung dieses freien Raumes als zentrales Gestaltungsmittel hat auf den Betrachter – zumindest auf den Fotos –

eine außergewöhnliche Wirkung. Für die Kultur dieser kleinwüchsigen Pflanzen sind eine sehr gute Beleuchtung und ein regelmäßiger Wasserwechsel notwendig. Es wird immer ein sehr weiches, karbonatarmes Wasser verwendet, das geringe Nitrit- und Nitratkonzentrationen aufweist, sowie ein für das Pflanzenwachstum ausreichendes Kohlendioxidangebot (schwach saurer pH-Wert).

In der Tat bestechen die künstlerisch wertvollen und brillanten Fotos von Amano. Doch an die Stelle der anfänglichen Euphorie über die ungewöhnlichen, „fremdländischen" und durch geschickte Fotografie hergestellten und hervorragend gedruckten Fotos ist bei vielen Aquarianern Nüchternheit getreten. Denn bei sorgfältiger Betrachtung und geistiger Vorstellung mancher Aquarieneinrichtungen, spätestens aber bei dem Versuch des Nachahmens wird deutlich, dass durch die exzellenten Aufnahmen häufig der tatsächliche Eindruck verzerrt wird. Denn bei den schönen Bildern darf nicht übersehen werden, dass die Wirklichkeit nüchterner und weniger perfekt aussieht. Pflanzenkenner bemerken zudem schnell, wenn Pflanzen nur für das Foto frisch eingesetzt wurden. Bei vielen Beschreibungstexten kann auch bei großem Verständnis für fremdländische Kultur und viel Fantasie ein Europäer nur schwer das nachempfinden, was Amano vermitteln möchte.

Zweifelsfrei haben die Japanischen Naturaquarien das Interesse an einer abwechslungsreichen und ungewöhnlichen Bepflanzung verstärkt und belebt. Das Nachahmen dieser Aquarieneinrichtungen hat aber häufig deutliche Grenzen, insbesondere dort, wo die ständige Erhaltung von unzähligen *Riccia*-Steinen nur solchen Aquarianern auf Dauer vergönnt ist, die niemals über Algen zu klagen haben oder über ein Gewächshaus verfügen, aus dem sie immer neues Pflanzenmaterial nachliefern können.

Im Unterschied zu den Holländischen Pflanzenaquarien, die von Privatleuten gestaltet werden, bei regelmäßiger Pflege über viele Jahre eine gleich bleibend dekorative Bepflanzung aufweisen und wohl deshalb auch heute noch für die Gestaltung von Aquarien prägend sind, ist auch die erhebliche wirtschaftliche Vermarktung der Japanischen Naturaquarien nicht zu übersehen.

Charakteristisch für die Gestaltung eines Japanischen Naturaquariums ist die Verwendung von wenigen Pflanzenarten. In diesem Aquarium dominiert das Teichlebermoos (*Riccia fluitans*), das in Polstern auf Steinen und Wurzeln aufgebunden wurde. Weitere Pflanzenarten sind Nadelsimse (*Eleocharis*), Sternpflanze (*Eusteralis stellata*) und Madagassische „Wasserpest" (*Lagarosiphon madagascariensis*).

Fische im Pflanzenaquarium

130 ▶ Fraßschäden durch Fische

133 ▶ Hartblättrige und lederartige Pflanzen

Obwohl in diesem Buch die Gestaltung von dekorativen Unterwasserlandschaften im Mittelpunkt steht, soll auch dem Thema „Fische im Pflanzenaquarium" ein kleines Kapitel gewidmet werden. Denn einige Fischarten gelten als Pflanzenfresser (Herbivore), die sich deshalb nicht mit allen Pflanzenarten gemeinsam pflegen lassen.

Grundsätzlich können in einem Pflanzenaquarium alle Lebendgebärenden Fische (Platys, Black Mollys, Guppys usw.) gehalten werden, die zugleich als gute Vertilger von Grünalgen bekannt sind. Auch fast alle kleineren Salmler, Killifische, Bärblinge, Regenbogenfische und Labyrinther fühlen sich in gut bepflanzten Aquarien wohl und richten keine Pflanzenschäden an. Viele dieser Fische benötigen aber ausreichend freien Schwimmraum, weshalb das Aquarium nicht zu stark verkrautet sein sollte. Ebenfalls sind auch Zwergcichliden aus Südamerika (z.B. aus den Gattungen *Apistogramma*, *Nannacara*, *Microgeophagus*) und die meisten kleineren Buntbarsche aus Westafrika (u. a. *Nanochromis*, *Pelvicachromis*) keine Pflanzenfresser und gewöhnlich problemlose Pfleglinge; nur zum Ablaichen heben manche von ihnen Gruben aus, wobei kleinblättrige Pflanzen entwurzelt werden können.

Viele Aquarianer möchten Malawi- oder Tanganjikabuntbarsche pflegen, zugleich aber auch auf ein gutes Pflanzenwachstum nicht verzichten. Grundsätzlich ist dies mit vielen Arten möglich, allerdings sollte man auf besonders empfindliche und feingliedrige Gewächse verzichten. Ein bepflanztes Biotopaquarium, wie es der Wunsch vieler Pfleger dieser Fische ist, lässt sich aber streng genommen nicht

Auch Buntbarschaquarien lassen sich dekorativ bepflanzen. Allerdings ist die Auswahl bei Pflanzen fressenden Cichliden stark eingeschränkt.

Die meisten Salmler sind friedfertig und stören das Pflanzenwachstum nicht. Dieser *Leporinus affinis* aus Südamerika ist jedoch rauflustig und zudem ein Pflanzenfresser.

Zwergcichliden aus der Gattung *Apistogramma*, hier *A. commbrae* aus Bolivien, lassen sich ausnahmslos in Pflanzenaquarien pflegen.

Neolamprologus caudopunctatus ist ein im allgemeinen friedfertiger Buntbarsch aus dem Tanganjikasee, der zum Ablaichen kleine Gruben aushebt. In diesem Pflanzenaquarium der Verfasserin gelang die Aufzucht der Jungfische.

Fraßschäden durch Welse an einem *Echinodorus*-Blatt

realisieren. Denn die Pflanzen dieser Seen besiedeln die Sandzone sowie den Übergangsbereich zur Geröllzone. Die beliebten *Tropheus*- oder *Neolamprologus*-Arten des Tanganjikasees und die farbenprächtigen *Pseudotropheus*-Arten des Malawisees leben aber nicht in den Pflanzenbeständen der Seen, sondern in der Felsen- bzw. Geröllzone. Aus beiden Seen werden aber zahlreiche als so genannte Sandcichliden bekannte Arten (u. a. *Xenotilapia*, *Lethrinops*, *Aulonocara*) gepflegt, die aus dem Sandlitoral stammen.

▶ **Fraßschäden durch Fische**

Im Unterschied zu den kleinen westafrikanischen und südamerikanischen Buntbarscharten sowie denen aus den afrika-

Mit ihrem Maul raspeln Welse mit Vorliebe große Pflanzenblätter ab. Das Foto zeigt eine noch unbeschriebene *Cochliodon*-Art, die in Bolivien gefangen wurde.

nischen Grabenseen, die in der Regel das Pflanzenwachstum nicht stören, sind viele größere mittel- und südamerikanische Cichliden (u. a. *Cichlasoma*), etliche afrikanische Großcichliden (*Tilapia*, *Oreochromis*) sowie viele Barbenarten als Pflanzenfresser bekannt, die sich mit Vorliebe an zarten Gewächsen vergreifen.

Solange sich die Schäden in Grenzen halten, ist es empfehlenswert, weichblättrige Arten gegen robustere auszutauschen. Häufig hilft auch die Bereicherung des Speiseplanes durch Zugabe von Pflanzenkost (z.B. Kopfsalat).

Problematisch wird es besonders dann, wenn Fische gepflegt werden sol-

Auch dieser kleine Hexenwels der Art *Rineloricaria lanceolata* hinterlässt Fraßspuren auf *Echinodorus*-Blättern.

Ein Schauaquarium des Botanischen Gartens Berlin-Dahlem, in dem vorwiegend Buntbarsche und Welse gepflegt werden. Obwohl die Höhe des Aquariums etwa einen Meter beträgt, ist es vorbildlich bepflanzt.

len, zu deren Vorliebe für Vegetarisches sich noch der Trieb gesellt, ihren Lebensraum nach eigenen Vorstellungen zu gestalten. Bei ihrem Bedürfnis nach Umgestaltung der Aquarieneinrichtung machen sie vor keiner Pflanze Halt, und sorgfältig eingesetzte Sprosse schwimmen alsbald an der Wasseroberfläche. Häufig werden die Sprosse auch einfach kaputtgebissen, wenn sich die Fische gestört fühlen. In den genannten Fällen bleibt nur die Möglichkeit, die Pflanzen in Töpfen an eine andere Stelle des Beckens zu setzen oder Wurzeln und Steine mit *Anubias* und Farnen zu dekorieren. Empfehlenswert ist auch die Verwendung von wurzellosen Wasserpflanzen (z.B. *Ceratophyllum*, Hornblatt), die gebündelt an jedem Platz des Aquariums eingebracht werden können.

Außer herbivoren Buntbarschen und Barben gibt es auch etliche Welse, die dadurch Schäden in einem Pflanzenaquarium anrichten, dass sie größere Blätter, bevorzugt die von Schwertpflanzen, abraspeln. Manchmal lassen sich Fraßschäden durch die Zugabe von Futter auf Pflanzenbasis mildern. Nicht Pflanzen fressend sind alle Panzerwelsarten (*Aspidoras, Corydoras*), dagegen zerstören viele Harnischwelse (z.B. *Ancistrus*) die jungen Herzblätter von Echinodoren. Über ein mögliches pflanzenschädigendes Verhalten bestimmter Fischgattungen und

gentlich *Anubias*-Arten (Speerblätter), *Bolbitis heudelottii* (Flussfarn), *Microsorum pteropus* (Javafarn), *Crinum natans* und *C. calamistratum* (Hakenlilien), *Hydrocotyle leucocephala* (Wassernabel) und Vallisnerien verschont. Diese Gewächse sind zudem wenig lichtbedürftig und deshalb gut zu pflegen. Ferner kann man es auch noch mit den Wasserkelchen *Cryptocoryne usteriana*, *C. hudoroi*, *C. wendtii*, *C. pontederiifolia* und *C.* x *willisii* sowie den Schwertpflanzen *Echinodorus angustifolius*, *E. bleheri* und *E. uruguayensis* versuchen. Viele Pflanzen fressende Fische verschmähen auch die Kardinalslobelie, *Lobelia cardinalis*, und den lichtbedürftigen Eidechsenschwanz, *Saururus cernuus*.

Obwohl Diskusfische an ihren natürlichen Standorten nicht mit submersen Wasserpflanzen anzutreffen sind, besteht bei den Aquarianern häufig der Wunsch, Diskus im Pflanzenaquarium zu pflegen. Merkwürdigerweise herrscht in der Aquaristik die Meinung vor, dass die Temperaturen von mindestens 28 °C, bei denen diese Fische gehalten werden müssen, für die Pflanzen zu hoch sind. Diese Ansicht ist grundsätzlich falsch. Der Tabelle auf den Seiten 138 – 147 ist zu entnehmen, dass viele Aquarienpflanzen in der Lage sind, bei dieser Temperatur sehr gut zu gedeihen. Das Problem der gemeinsamen Pflege von Diskus und Pflanzen liegt vielmehr darin, dass höhere Temperaturen auch eine beschleunigte Photosynthese der Pflanzen zur Folge haben, die wiederum eine hohe Lichtintensität, viel Kohlendioxid sowie häufige Düngergaben erfordern. Bei eingewöhnten und nicht scheuen Diskusfischen sind diese Bedingungen kein Problem, und diese Fische fühlen sich in üppig bepflanzten Aquarien sehr wohl. Besonders empfindliche und scheue Diskus, insbesondere Importfische, mögen allerdings oftmals kein zu helles Licht, sodass sich in diesem Fall die Pflanzenauswahl auf schattenliebende und zugleich hohe Temperaturen vertragende Gewächse beschränkt. Eine Auswahl lässt sich anhand der genannten Tabelle treffen.

TIPP
In Buntbarschaquarien bevorzugt hartblättrige Pflanzenarten verwenden. Manche weichblättrige Pflanzen bleiben deshalb verschont, weil sie Buntbarschen nicht schmecken!

-arten sollte sich der Aquarianer vor dem Kauf in der Fachliteratur sachkundig machen.

▶ Hartblättrige und lederartige Pflanzen

Grundsätzlich bevorzugen Pflanzenfresser dünnblättrige, sehr weiche und feingliedrige Gewächse. Um dennoch nicht ganz auf die Bepflanzung verzichten zu müssen, sollten bevorzugt solche Arten ausgewählt werden, die lederartige, harte und von den Fischen im Geschmack als bitter empfundene Blätter haben (z.B. der Brasilianische Wassernabel, *Hydrocotyle leucocephala*).

Von herbivoren Fischen bleiben gele-

Aquarienpflanzen im Überblick

| 134 ▶ | Auswahlhilfe | 137 ▶ | Auswahlkriterien |

Die richtige Auswahl aus dem großen Angebot an Aquarienpflanzen ist nicht einfach. Leicht zu pflegen sind *Rotala rotundifolia* (Mitte), *Hygrophila corymbosa* und *Anubias* (rechts), anspruchsvoll dagegen sind *Saururus cernuus* und *Eichhornia diversifolia* (links).

Aquarianer, insbesondere Einsteiger, haben es nicht leicht, aus dem reichhaltigen Angebot des Zoofachhandels die richtigen Pflanzen für das eigene Aquarium herauszufinden. Bei der falschen Wahl sind Misserfolge in der Pflege vorprogrammiert. Ein wichtiges Anliegen dieses Buches ist es aber, Enttäuschungen vermeiden zu helfen. Um die richtigen Entscheidungen zu treffen, wurde deshalb die ab Seite 138 folgende Tabelle erarbeitet. Sie ermöglicht nicht nur einen schnellen Überblick über das im Handel weitestgehend verfügbare Sortiment an Aquarienpflanzen, sondern erleichtert auch Ihre individuelle Auswahl.

▶ **Auswahlhilfe**

Grundsätzlich wurden für die Zusammenstellung nur solche Arten berücksichtigt, die einerseits im Handel erhältlich, andererseits aber auch im Aquarium kultivierbar und somit empfehlenswert sind.

Allerdings wurden auch einzelne Ausnahmen gemacht: So wird die Gitterpflanze, *Aponogeton madagascariensis*, die

aufgrund ihrer schwierigen Pflege als nicht empfehlenswert gelten muss, deshalb erwähnt, weil sie gelegentlich im Handel angeboten wird. Ferner wurden auch *Aponogeton undulatus* und *Aponogeton longiplumulosus* in der Tabelle mit aufgenommen, weil sie zu den empfehlenswerten Wasserähren zählen, selbst wenn sie nur sehr selten durch den Fachhandel zu beziehen sind.

Auch diese umfassende Tabelle kann nicht ausschließen, dass vielleicht die eine oder andere neu eingeführte Aquarienpflanze fehlt. Deshalb: Überlegen Sie gut und informieren Sie sich in der weiterführenden Literatur vor dem Kauf von Arten, die nicht in diesem Buch genannt werden, über deren Eignung. Auf diese Weise können Sie spätere Enttäuschungen und Lehrgeld vermeiden.

Beim Studieren der Tabelle werden vielleicht dem einen oder anderen Leser scheinbare Gegensätze auffallen. So wirkt es vielleicht widersprüchlich, wenn eine Pflanze einerseits als empfehlenswert, andererseits aber als anspruchsvoll oder empfindlich bezeichnet wird. Tatsächlich stellen meine Beurteilungen aber keine Gegensätze dar. Denn beispielsweise ist *Eusteralis stellata* eine sehr anspruchsvolle (lichtbedürftige!) und schwierige Art, die bei optimalen Wachstumsvoraussetzungen aber sehr gutwüchsig ist und damit als empfehlenswert eingestuft werden kann.

Die Tabelle erlaubt eine vielfältige Anwendung: So lassen sich zum Beispiel mit Hilfe der Herkunftsangaben schnell Pflanzen nach geografischen Gesichtspunkten zusammenstellen.

Empfehlenswerte Aquarienpflanzen sind der Thailändische Wasserfreund (*Hygrophila corymbosa*, links) und die lichtbedürftige Cognacpflanze (*Ammannia gracilis*, rechts).

Der besonders an Pflanzen interessierte Aquarianer ist immer auf der Suche nach seltenen und neuen Aquarienpflanzen. Das Foto zeigt Algenbälle sowie neben der roten Tigerlotus eine neue schmalblättrige Form des Javafarns im Vordergrund, in der Mitte die lichtbedürftige und erst wenig bekannte *Limnophila aromaticoides* sowie eine neue Wuchsform des brasilianischen Tausendblattes (*Myriophyllum aquaticum*) und am rechten Bildrand eine virusinfizierte Form des kleinen Wasserfreundes (*Hygrophila polysperma*).

Die wesentlichen vegetativen Wuchsmerkmale können hilfreich sein, die handelsüblichen Arten zu bestimmen. Allerdings können die in Kurzform komprimierten Daten natürlich keine vollständigen Pflanzenbeschreibungen ersetzen. Für die Kurzbeschreibungen war es unumgänglich, einige botanische Fachbegriffe zu verwenden. Diese sind im Glossar am Schluss des Buches erklärt.

Die Angaben zur „normalen" Wuchshöhe sowie die der erforderlichen Mindestgröße von Aquarien sollen dazu dienlich sein, nicht zu großwüchsige Pflanzen für zu kleine Aquarien auszusuchen. Anzumerken ist, dass das „Gutachten über Mindestanforderungen an die Haltung von Zierfischen", herausgegeben vom Bundesministerium für Ernährung, Landwirtschaft und Forsten im Dezember

1998, eine Aquarienmindestgröße von 54 Litern für die Haltung von Fischen vorsieht.

▶ **Auswahlkriterien**

Für eine wirkungsvolle Einrichtung von Aquarien und zur Erstellung von Bepflanzungsplänen ist insbesondere die Färbung der Pflanzen ein planerisches Kriterium, das vor dem Erwerb der Arten berücksichtigt werden sollte. Die Angaben zur Bepflanzungszone sollen ein späteres Umpflanzen vermeiden helfen.

Wichtige Merkmale für die Auswahl von Aquarienpflanzen sind auch ihr Lichtbedarf und ihr Temperaturoptimum. Wägen Sie sorgfältig ab, ob Sie den genannten Bedürfnissen der Pflanzen gerecht werden können, wenn Sie sich für besonders lichtbedürftige oder kühleres Wasser liebende Arten entscheiden. Bei wenig Licht „mehr schlecht als recht" vor sich hinkümmernde lichthungrige Pflanzen sind keine Augenweide; oftmals erkennt der Pfleger die Art in einem gut beleuchteten Aquarium nicht wieder!

Bewusst wurde in dieser Tabelle als wichtiges Kennzeichen auch die Wuchsgeschwindigkeit der Pflanzen aufgenommen. Denn insbesondere bei Neueinrichtungen ist es erforderlich, schnellwüchsigen Arten den Vorzug zu geben, um einer Algenplage vorzubeugen. Die Einteilung für die Wuchsgeschwindigkeit beruht auf Erfahrungswerten und kann nur subjektiv sein, weil sie von den Bedingungen in den einzelnen Aquarien abhängt.

Für die Klassifizierung der Lichtbedürfnisse der Pflanzen wurden einfache Kriterien gewählt, die aus meiner Sicht aber praxisnaher und nachvollziehbarer sind als Beleuchtungsstärkeangaben in Lux, die der Aquarianer nur schwer umsetzen kann. Natürlich sind die gewählten Einteilungen – geringer, mittlerer und hoher Lichtbedarf – nur relativ grobe und subjektive Werte. Was ich hierunter verstehe, lässt sich im Kapitel „Licht" auf Seite 11 nachlesen.

Viele der in dieser Tabelle genannten Arten sind auch auf Fotos in diesem Buch zu sehen, sodass Sie sich eine Vorstellung von dem Aussehen der Pflanzen machen können. Die rechte Tabellenspalte verweist auf die entsprechenden Abbildungen.

Den Angaben der Tabelle liegen sowohl vielfältige und langjährige Kulturerfahrungen als auch umfangreiche Biotopstudien zugrunde, die auf mehr als 30 Tropenreisen durchgeführt wurden. Mein besonderes Anliegen ist es deshalb, dass sich diese aus vielen „Bausteinchen" zusammengesetzte und bisher in der aquaristischen Literatur in Umfang und Form erstmals erstellte Tabelle als nützliche Entscheidungshilfe für Ihre richtige Pflanzenwahl erweist.

Die rote Farbform des Riesenwasserfreundes (*Hygrophila corymbosa*) benötigt im Aquarium eine hohe Beleuchtungsstärke.

Pflanzentabelle

Pflanzenname	Heimat	submerse Wuchsform und wichtige Merkmale	normale Wuchshöhe	Blattoberseite
Alternanthera reineckii Papageienblatt	Südamerika	großblättrige Stängelpflanze mit kreuzgegenständigen, ungeteilten Blättern, mehrere Farb- und Wuchsformen	30–50 cm	dunkelrot (selten grün)
Ammannia gracilis Große Cognacpflanze	Westafrika	großblättrige Stängelpflanze mit kreuzgegenständigen, ungeteilten, lanzettlichen Blättern	30–60 cm	braunrot
Ammannia senegalensis Kleine Cognacpflanze	Afrika	mittelgroße Stängelpflanze mit kreuzgegenständigen, ungeteilten, lanzettlichen Blättern	30–50 cm	braunrot
Anubias barteri var. *nana* Speerblatt	Westafrika	kleinblättrige Pflanze mit kriechendem Rhizom, Blätter wechselständig, ungeteilt, ledrig	5–10 cm	dunkelgrün
Aponogeton crispus Krause Wasserähre	Indien, Sri Lanka	mittel- bis große Knollenpflanze mit bandförmigen, zarten, am Rand gewellten Blättern in einer Rosette	30–50 cm	hell- bis dunkelgrün
Aponogeton longiplumulosus	Madagaskar	großwüchsige Knollenpflanze mit bandförmigen, am Rand gewellten Blättern in einer Rosette	40–50 cm	dunkelgrün
Aponogeton madagascariensis Gitterpflanze	Madagaskar	großwüchsige Knollenpflanze mit (fast immer) bandförmigen, gegitterten Blättern in einer Rosette	30–50 cm	hell- bis mittelgrün
Aponogeton rigidifolius Steifblättrige Wasserähre	Sri Lanka	großwüchsige Rhizompflanze mit bandförmigen, am Rand gewellten Blättern in einer Rosette	30–60 cm	dunkelgrün
Aponogeton ulvaceus Meersalatähnliche Wasserähre	Madagaskar	großwüchsige Knollenpflanze mit bandförmigen, zarten, am Rand gewellten Blättern in einer Rosette	40–50 cm	hellgrün
Aponogeton undulatus Gewellte Wasserähre	Südasien	mittelgroße Knollenpflanze mit bandförmigen Blättern in einer Rosette, Vermehrung durch Adventivpflanzen	20–40 cm	mittelgrün
Bacopa caroliniana Großblättriges Fettblatt	USA	mittelgroße, aufrechte Stängelpflanze, Blätter kreuzgegenständig, ungeteilt, stängelumfassend	20–40 cm	hell- bis olivgrün
Bacopa monnieri Kleines Fettblatt	Tropen und Subtropen	kleine, aufrechte Stängelpflanze, Blätter kreuzgegenständig, ungeteilt, sitzend	10–30 cm	hellgrün
Barclaya longifolia Langblättrige Barclaya	Südostasien	mittelgroße Rhizompflanze mit zarten Blättern in einer Rosette; eine rote und eine grüne Farbform im Handel	10–30 cm	weinrot (selten grün)
Blyxa aubertii Fadenkraut	Asien, Afrika Australien	Wasserpflanze, Blättern in einer Rosette, linealisch, bis 65 cm lang, 5–7 mm breit, sehr weich	30–40 cm (selten mehr)	hellgrün
Bolbitis heudelotii Flussfarn	Afrika	Farnpflanze mit dünnem, langem Rhizom, Blätter gefiedert, transparent	10–30 cm	dunkelgrün
Cabomba aquatica Riesen-Haarnixe	Südamerika	Stängelpflanze mit fein gegliederten Sprossen, Blattspreite vielfach gegabelt, Segmente haarförmig	30–60 cm (und mehr)	mittelgrün
Cabomba caroliniana Carolina-Haarnixe	Nord- und Südamerika	Stängelpflanze mit fein gegliederten Sprossen, Blattspreite vielfach gegabelt, Segmente haarförmig	30–60 cm (und mehr)	hell- bis mittelgrün
Cabomba furcata Gegabelte Haarnixe	Mittel- und Südamerika	Stängelpflanze mit fein gegliederten Sprossen, Blattspreite vielfach gegabelt, Segmente haarförmig	30–60 cm (und mehr)	weinrot
Cardamine lyrata Japanisches Schaumkraut	Ostasien	Stängelpflanze mit zarten, aufrechten Sprossen, Blätter ungeteilt, klein	25–40 cm	hellgrün
Ceratophyllum demersum Gemeines Hornblatt	weltweit	Stängelpflanze mit fein gegliederten Sprossen, Blätter in Quirlen, vielfach gegabelt, leicht brüchig	40–70 cm (und mehr)	dunkelgrün
Ceratopteris cornuta Gehörnter Hornfarn	Afrika, Asien, Australien	mittelgroße Rhizompflanze mit Blattrosette, Farnblätter gelappt, gebuchtet, fiederteilig	15–30 cm	hellgrün

Lichtbedarf	optimale Temperatur	Wuchs	Verwendung	Aquarien-Mindestgröße	Beurteilung und Bemerkungen	Foto Seite
hoch bis sehr hoch	17–25 °C	mittel bis schnell	Mittel- und Hintergrund, Gruppenpflanze	100 L	anspruchsvoll, sehr dekorativ, rotblättrige Kontrastpflanze	44, 67, 73
hoch bis sehr hoch	22–28 °C	mittel bis schnell	Mittel- und Hintergrund, Gruppenpflanze	150 L	anspruchsvoll, sehr dekorativ, rotblättrige Kontrastpflanze	43, 66, 68
hoch bis sehr hoch	22–28 °C	mittel bis schnell	Mittel- und Hintergrund, Gruppenpflanze	100 L	anspruchsvoll, sehr dekorativ, rotblättrige Kontrastpflanze	36, 55, 75
gering	22–26 °C	langsam	Vordergrund, Seiten-/Rückwände, Holz, Steine	keine Beschränkung	problemlos, anpassungsfähig, beliebt, sehr empfehlenswert	42, 67, 68, 112
mittel bis hoch	25–32 °C	schnell	Mittel- und Hintergrund, Solitärpflanze	150 L	mittlere Ansprüche, dekorativ, benötigt Ruhezeit	3, 42
mittel bis hoch	22–26 °C	mittel	Mittel- und Hintergrund, Solitärpflanze	200 L	mittlere Ansprüche, gutwüchsig, Ruhezeit im Aquarium	67
mittel bis hoch	18–23 °C	langsam (bis schnell)	Mittelgrund, Solitärpflanze	200 L	sehr anspruchsvoll, empfindlich, nur für Spezialisten, Ruhezeit	26
mittel bis hoch	23–26 °C	langsam	Mittel- und Hintergrund, Solitärpflanze	200 L	anspruchsvoll, empfindlich, dekorativ, ohne Ruhezeit	27
hoch bis sehr hoch	24–27 °C	schnell	Mittel- und Hintergrund, Solitärpflanze	200 L	mittlere Ansprüche, dekorativ, beliebt, benötigt Ruhezeit	20, 41, 58
mittel bis hoch	22–28 °C	mittel bis schnell	Mittelgrund, kleine Gruppe oder als Solitärpflanze	100 L	problemlos, leichte Vermehrung, keine Ruhezeit, selten	
hoch	22–25 °C	mittel bis schnell	Vorder- und Mittelgrund, Gruppenpflanze	60 L	anspruchslos, nur rötlich bei intensivem Licht	62, 96
mittel	18–28 °C	mittel bis schnell	Vordergrund, Gruppenpflanze	30 L	anspruchslos, anpassungsfähig, beliebt, häufig	62, 73
mittel bis hoch	25–28 °C	mittel bis schnell	Vorder- und Mittelgrund, Solitärpflanze	100 L	anspruchsvoll, sehr dekorativ, selten, Ruhezeit im Aquarium	75
mittel bis hoch	20–28 °C	mittel bis schnell	Mittelgrund, Solitärpflanze	100 L	anspruchsvoll, zerbrechlich, kurzlebig, sehr selten	29
gering bis mittel	24–25 °C	langsam	Seiten-/Rückwände, auf Holz und Steinen	60 L	mittlere Ansprüche, empfindlich, liebt Wasserbewegung	132
sehr hoch	23–25 °C	schnell	Mittel- und Hintergrund, Gruppenpflanze	100 L	sehr anspruchsvoll, empfindlich, Weichwasserpflanze	
mittel bis hoch	20–25 °C	schnell	Mittel- und Hintergrund, Gruppenpflanze	100 L	mittlere Ansprüche, dekorativ, Temp. nicht ständig über 25 °C	
sehr hoch	24–30 °C	schnell	Mittel- und Hintergrund, Gruppenpflanze	100 L	sehr anspruchsvoll, empfindlich, Weichwasserpflanze	25, 76
hoch	18–23 °C	mittel	Mittelgrund, Gruppenpflanze	60 L	anspruchsvoll, auf Dauer schwierig, Kaltwasserpflanze	
gering bis mittel	22–28 °C (Tropen)	sehr schnell	im Hintergrund gebündelt oder frei treibend	60 L	anspruchslos, kalkliebend, reagiert negativ auf chem. Präparate	111, 114
mittel	22–28 °C	schnell	Vorder- und Mittelgrund oder als Schwimmpflanze	60 L	anspruchslos, beliebt, intensive Adventivpflanzenbildung	24

AQUARIENPFLANZEN IM ÜBERBLICK

Pflanzenname	Heimat	submerse Wuchsform und wichtige Merkmale	normale Wuchshöhe	Blattoberseite
Ceratopteris thalictroides Sumatrafarn	pantropisch	großwüchsige Rhizompflanze mit fiederschnittigen Farnblättern in einer Rosette	20–50 cm	hellgrün
Cladophora aegagropila Algenball, Seeball, Seeknödel	Europa, Ostasien, Japan?	Grünalge mit bis 3 cm langen, verzweigten Thalli, bildet dunkelgrüne, bis 21 cm große Bälle	3–10 cm (selten mehr)	dunkelgrün
Crinum calamistratum Dauerwellen-Hakenlilie	Westkamerun	Zwiebelpflanze mit bandförmigen, 2–7 mm breiten, am Rand gekräuselten Blättern in einer Rosette	50–100 cm	dunkelgrün
Crinum natans Flutende Hakenlilie	Westafrika bis Zaire	kräftige Zwiebelpflanze mit bandförmigen, bis 5 cm breiten, am Rand gezähnten Blättern in einer Rosette	50–140 cm	dunkelgrün
Crinum thaianum Thailändische Hakenlilie	Thailand	kräftige Zwiebelpflanze mit bandförmigen, bis 2,5 cm breiten, glatten Blättern in einer Rosette	80–150 cm (und mehr)	mittelgrün
Cryptocoryne affinis	Malaiische Halbinsel	kleine bis mittelgroße Rhizompflanze, Blattspreite lanzettlich, ungeteilt, bullös	10–40 cm	olivgrün bis bräunlich
Cryptocoryne aponogetifolia	Philippinen	große Rhizompflanze, Blätter bandförmig, stark bullös	70–150 cm	mittel- bis dunkelgrün
Cryptocoryne beckettii Becketts Wasserkelch	Sri Lanka	kleine bis mittelgroße Rhizompflanze, Blattspreite schmal lanzettlich, glatt oder etwas gewellt	10–25 cm	grün bis dunkelbraun
Cryptocoryne cordata Herzblättriger Wasserkelch	Westmalaysia bis Südthailand, Borneo	mittelgroße bis große Rhizompflanze, Spreite elliptisch-eiförmig, meist glatt, mehrere Wuchsformen	15–60 cm	olivgrün bis bronzefarben
C. crispatula var. *balansae* Grasblättriger Wasserkelch	Südvietnam, Indien bis Südchina	mittelgroße Rhizompflanze, Blattspreite linealisch bis lanzettlich, meist bullös, mehrere Varietäten	20–70 cm	hell- bis dunkelgrün
Cryptocoryne hudoroi Hudoros Wasserkelch	Borneo	mittelgroße Rhizompflanze, Blattspreite sehr schmal elliptisch, stark bullös	20–50 cm	grün, etwas bräunlich
Cryptocoryne parva Kleiner Wasserkelch	Sri Lanka	sehr kleine Rhizompflanze, Blattspreite schmal elliptisch bis lanzettlich, glatt	2–5 cm	mittel- bis dunkelgrün
Cryptocoryne pontederiifolia	Sumatra	mittelgroße Rhizompflanze, Blattspreite lanzettlich bis schmal eiförmig, meist glatt, Basis herzförmig	10–40 cm	hell- bis olivgrün
Cryptocoryne spiralis Spiraliger Wasserkelch	Indien, Bangladesch	mittelgroße Rhizompflanze, Blattspreite meistens bandförmig, Rand gewellt, verschiedene Typen	40–50 cm	hellgrün bis bräunlich
Cryptocoryne undulata Gewellter Wasserkelch	Sri Lanka	kleine bis mittelgroße Rhizompflanze, Blattspreite lanzettlich, Rand glatt oder gewellt	10–25 cm	mittelgrün bis dunkelbraun
Cryptocoryne usteriana Usteris Wasserkelch	Philippinen	große Rhizompflanze, Blattspreite lanzettlich bis schmal elliptisch, bullös; verschiedene Typen	50–70 cm (und mehr)	mittelgrün
Cryptocoryne walkeri Walkers Wasserkelch	Sri Lanka	kleine bis mittelgroße Rhizompflanze, Blattspreite lanzettlich bis eiförmig, glatt	10–25 cm	grasgrün bis bräunlich
Cryptocoryne wendtii Wendts Wasserkelch	Sri Lanka	kleine bis mittelgroße, sehr variable Rhizompflanze, Spreite elliptisch-eiförmig; mehrere Typen	10–30 cm	grün bis dunkelbraun
Cryptocoryne x *willisii* Willis Wasserkelch	Sri Lanka	kleine Rhizompflanze, Blattspreite schmal eiförmig bis lanzettlich, glatt	5–15 cm	mittelgrün
Cyperus helferi Helfers Zypergras	Südostasien	Rhizompflanze mit büschelig angeordneten, bandförmigen, grasartigen Blättern in einer Rosette	30–60 cm	grün
Didiplis diandra Amerikanische Bachburgel	östliches Nordamerika	kleinblättrige Stängelpflanze, Blätter kreuzgegenständig, linealisch, zart; blüht submers	10–40 cm	hellgrün (bis rot)
Echinodorus angustifolius Schmalblättrige Schwertpflanze	Brasilien	Ausläufer bildende Rhizompflanze mit 3–4 mm breiten, bandförmigen Blättern in einer Rosette	40–60 cm	hellgrün

Lichtbedarf	optimale Temperatur	Wuchs	Verwendung	Aquarien-Mindestgröße	Beurteilung und Bemerkungen	Foto Seite
mittel	22–28 °C	schnell	Mittel- und Hintergrund oder als Schwimmpflanze	60 L	anspruchslos, beliebt, mäßige Adventivpflanzenbildung	65
gering	10–24 °C	langsam	solitär oder als kleine Gruppe	keine Beschränkung	anspruchslos, ungewöhnlich, nicht zu hohe Temperaturen	8, 51
mittel	23–26 °C	langsam	Mittel- und Hintergrund, Solitär-/Gruppenpflanze	200 L	mittlere Ansprüche, empfindlich, dekorativ, Wasserbewegung!	19, 66, 75
mittel	24–28 °C	langsam bis mittel	Hintergrund, Solitärpflanze	300 L	mittlere Ansprüche, nur für hohe Aquarien, liebt Wasserbewegung	57
gering bis mittel	22–27 °C	mittel bis schnell	Hintergrund, Gruppenpflanze	300 L	anspruchslos, nur für sehr hohe Becken, liebt Wasserbewegung	
mittel bis hoch	22–26 °C	langsam	Vorder- und Mittelgrund, Gruppenpflanze	40 L	anspruchslos, reagiert empfindlich auf Störungen, kalkliebend	
gering bis mittel	21–27 °C	langsam bis mittel	Hintergrund, Seiten-/Rückwände, als Gruppe	300 L	problemlos, kalkliebend, nur für sehr hohe Aquarien	
gering bis mittel	22–26 °C	mittel bis schnell	Vorder- und Mittelgrund, Gruppenpflanze	40 L	anspruchslos, sehr empfehlenswert, beliebt, häufig	75
gering bis mittel	23–27 °C	langsam bis mittel	Mittelgrund, Gruppenpflanze	100 L	mittlere Ansprüche, braucht lange Anwachsphase, kalkmeidend	
mittel	20–26 °C	mittel	Mittel- bis Hintergrund, Gruppenpflanze	100 L	mittlere Ansprüche, häufig, kalkliebend, anpassungsfähig	26
mittel	24–26 °C	langsam bis mittel	Mittel- und Hintergrund, Gruppenpflanze	100 L	mittlere Ansprüche, kalkliebend, dekorativ, relativ selten	113
mittel	23–28 °C	sehr langsam	Vordergrund, Gruppenpflanze	20 L	problemlos, anpassungsfähig, beliebt, größere Mengen kaufen	
mittel	22–25 °C	langsam bis mittel	Mittelgrund, Gruppenpflanze	60 L	relativ anspruchslos, reagiert empfindlich auf Störungen	79
mittel	23–27 °C	mittel bis schnell	Mittel- und Hintergrund, Gruppenpflanze	100 L	relativ problemlos, wenig empfindlich, dekorativ	
gering bis mittel	22–26 °C	mittel	Vorder- und Mittelgrund, Gruppenpflanze	40 L	anspruchslos, anpassungsfähig, beliebt, häufig	
mittel	22–26 °C	mittel bis schnell	Mittel- und Hintergrund, Seiten, Gruppenpflanze	200 L	anspruchslos, dekorativ, kalkliebend	
mittel	22–26 °C	mittel	Vorder- und Mittelgrund, Gruppenpflanze	40 L	mittlere Ansprüche, anpassungsfähig, häufig	39
gering bis mittel	22–26 °C	mittel bis schnell	Vorder- und Mittelgrund, Gruppenpflanze	40 L	anspruchslos, sehr empfehlenswert, beliebt, häufig	66, 69, 78
mittel	22–28 °C	langsam	Vordergrund, Gruppenpflanze	20 L	problemlos, häufig, benötigt lange Anwachsphase	81
mittel bis hoch	22–26 °C	mittel	Mittel- bis Hintergrund, Gruppen-/Solitärpflanze	100 L	mittlere Ansprüche, dekorativ, anpassungsfähig	93
hoch bis sehr hoch	22–26 °C	mittel bis schnell	Vorder- bis Mittelgrund, Gruppenpflanze	40 L	anspruchsvoll, empfindlich, zierlich, zerbrechlich, dekorativ	24, 67, 70
mittel	20–28 °C	mittel bis schnell	Mittel- und Hintergrund, Seiten, Gruppenpflanze	100 L	anspruchslos, anpassungsfähig, gut für hohe Aquarien	49

Pflanzenname	Heimat	submerse Wuchsform und wichtige Merkmale	normale Wuchshöhe	Blattoberseite
Echinodorus x *barthii* Barths Schwertpflanze	keine natürliche Verbreitung	mittelgroße Rhizompflanze mit elliptischen Blättern in einer Rosette, Blattränder nach außen eingerollt	10–20 cm	tief braunrot
Echinodorus bleheri Blehers Schwertpflanze	unbekannt	mittel- bis große Rhizompflanze mit sehr schmal elliptischen Blättern in einer Rosette	30–60 cm	mittel- bis dunkelgrün
Echinodorus bolivianus Bolivianische Schwertpflanze	Südamerika	kleine, Ausläufer bildende Rhizompflanze mit linealischen Blättern in einer Rosette	5–10 cm	hellgrün
Echinodorus cordifolius Herzblättrige Schwertpflanze	Nord-, Mittel- u. Südamerika	kräftige Rhizompflanze mit ei- und herzförmigen Blättern in einer Rosette, oft mit rötlichen Flecken	30–50 cm und mehr	mittelgrün
Echinodorus cordifolius 'Tropica Marble Queen'	keine natürl. Verbreitung	wie E. cordifolius, aber Blätter mit Farbmuster aus hellen und dunklen Flecken durch Virusinfektion	30–50 cm (und mehr)	hellgrün mit Flecken
Echinodorus 'Dschungelstar' Nr. 3	keine natürl. Verbreitung	Hybride, mittelgroße Rhizompflanze mit schmal elliptischen Blättern, dunkelrot gefleckt	10–20 cm	olivgrün mit Flecken
Echinodorus 'Dschungelstar' Nr. 16	keine natürl. Verbreitung	Hybride, großwüchsige Rhizompflanze mit schmal elliptischen Blättern, dunkler als E. 'Rubin'	50–60 cm	dunkelrot bis fast schwarz
Echinodorus grisebachii Grisebachs Schwertpflanze	Mittel- und Südamerika	mittel- bis große Rhizompflanze mit bandförmigen bis linealischen Blättern in einer Rosette	30–60 cm	mittel- bis dunkelgrün
Echindorus horizontalis Horizontale Schwertpflanze	Südamerika	mittelgroße, kräftige Rhizompflanze mit ei- und herzförmigen Blättern in einer horizontalen Rosette	10–35 cm	hellgrün
Echinodorus 'Indian Red'	keine natürl. Verbreitung	mittelgroße Hybride, Blätter schmal elliptisch, Blattspitze leicht gedreht, Blattrand schwach gewellt	10–20 cm	rotbraun bis dunkelrot
Echinodorus 'Kleiner Bär'	keine natürl. Verbreitung	mittelgroße Hybride mit einer dichtblättrigen Rosette; Blätter elliptisch	10–25 cm	dunkelrot (olivgrün)
Echinodorus martii Gewelltblättrige Schwertpflanze	östliches Brasilien	mittel- bis große Rhizompflanze mit verkehrt lanzettlichen, gewellten Blättern in einer Rosette	35–60 cm	hellgrün
Echinodorus osiris Osiris' Schwertpflanze	Südbrasilien	mittel- bis große Rhizompflanze mit elliptisch-lanzettlichen, gewellten Blättern in einer Rosette	25–50 cm	olivgrün bis rotbraun
Echinodorus 'Ozelot Grün' und 'Ozelot Rot'	keine natürl. Verbreitung	mittelgroße Hybride, Blätter schmal elliptisch, zwei Farbformen mit dunkelroten Flecken	15–25 cm	grün oder braunrot
Echinodorus palaefolius	östliches Brasilien	mittel- bis große Rhizompflanze mit lang gestielten, sehr schmal elliptischen Blättern in einer Rosette	20–50 cm (und mehr)	hellgrün
Echinodorus paniculatus Rispige Schwertpflanze	Mittel- und Südamerika	mittel- bis große Rhizompflanze mit lang gestielten, linealisch-bandförmigen Blättern in einer Rosette	20–50 cm (und mehr)	hellgrün
Echinodorus parviflorus Schwarze Schwertpflanze	nicht bekannt (Peru, Bolivien?)	mittelgroße Rhizompflanze mit lanzettlichen Blättern in einer Rosette, Spreite mit dunklen Quernerven	15–40 cm	mittelgrün
Echinodorus parviflorus 'Tropica'	keine natürl. Verbreitung	kleine Rhizompflanze mit verkehrt eiförmigen, ledrigen Blättern, Blattspitze bis 7 mm lang	5–15 cm	mittel- bis dunkelgrün
Echinodorus quadricostatus Zwergschwertpflanze	Mittel- und Südamerika	kleine, Ausläufer bildende Rhizompflanze mit linealischen Blättern in einer Rosette	5–15 cm	hellgrün
Echinodorus 'Red Flame'	keine natürl. Verbreitung	mittelgroße Hybride, ähnlich Echinodorus 'Ozelot', aber stärker dunkelrot gefleckt	15–30 cm	leuchtend rotbraun
Echinodorus 'Rosé'	keine natürl. Verbreitung	mittelgroße Hybride mit elliptischen Blättern in einer Rosette, ohne oder mit roten Flecken	10–40 cm	roséfarben bis olivgrün
Echinodorus 'Rubin'	keine natürl. Verbreitung	großwüchsige Hybride mit sehr schmal elliptischen, ledrigen Blättern in einer Rosette, Nerven hellgrün	40–60 cm	tief braunrot
Echinodorus schlueteri Schlüters Schwertpflanze	unbekannt	kleine bis mittelgroße Rhizompflanze mit eiförmigen Blättern, Sorte 'Leopard' braun gefleckt	5–25 cm	grün

Lichtbedarf	optimale Temperatur	Wuchs	Verwendung	Aquarien-Mindestgröße	Beurteilung und Bemerkungen	Foto Seite
mittel bis hoch	18–26 °C	mittel	Vorder- und Mittelgrund, Solitärpflanze	100 L	mittlere Ansprüche, anpassungsfähig, dekorativ	26
mittel	22–28 °C	schnell	Mittel- und Hintergrund, Solitärpflanze	100 L	anspruchslos, sehr empfehlenswert, beliebt, dekorativ	99
hoch bis sehr hoch	22–28 °C	mittel	Vordergrund, Gruppenpflanze	40 L	mittlere bis hohe Ansprüche, dekorativ	
mittel	20–28 °C	mittel bis schnell	Mittel- bis Hintergrund, Solitärpflanze	200 L	anspruchslos, submerse Kultur nur im Kurztag (< 12 Std.)	35, 130
mittel bis hoch	22–26 °C	schnell bis sehr schnell	Mittel- und Hintergrund, Solitärpflanze	200 L	problemlos, bildet leicht Luftblätter, dekorativ	89
mittel bis hoch	22–28 °C	mittel bis schnell	Vorder- und Mittelgrund, Solitärpflanze	100 L	gutwüchsig, mittlere Ansprüche, lichtbedürftig	57
mittel bis hoch	22–28 °C	mittel bis schnell	Hintergrund, Solitärpflanze	200 L	gutwüchsig, etwas anspruchsvoll, benötigt viel Nährstoffe	
mittel bis hoch	22–28 °C	mittel bis schnell	Mittel- und Hintergrund, Solitärpflanze	150 L	geringe bis mittlere Ansprüche, dekorativ, selten	
mittel	25–29 °C	langsam bis mittel	Vorder- und Mittelgrund, Solitärpflanze	80 L	mittlere Ansprüche, selten, prächtiger Solitär	99
hoch	22–28 °C	mittel	Mittelgrund, Solitärpflanze	60 L	gutwüchsig, mittlere Ansprüche, vergrünt bei zu wenig Licht	
mittel bis hoch	22–30 °C	langsam bis mittel	Vorder-/Mittelgrund, als Solitär oder kleine Gruppe	40 L	gutwüchsig, relativ anspruchslos, vergrünt bei zu wenig Licht	
mittel bis hoch	24–26 °C	mittel bis schnell	Mittel- und Hintergrund, Solitärpflanze	150 L	meist anspruchslos, braucht nährstoffreichen Boden, dekorativ	
mittel bis hoch	18–26 °C	schnell	Mittel- und Hintergrund, Solitärpflanze	150 L	anspruchslos, anpassungsfähig, dekorativ, häufig	
hoch	22–28 °C	schnell	Mittelgrund, Solitärpflanze	80 L	sehr wuchsfreudig, nur schön bei intensivem Licht, sehr dekorativ	25, 63
mittel bis hoch	23–28 °C	mittel	Mittel- und Hintergrund, kleine Gruppe	120 L	anspruchslos, bildet leicht Luftblätter	
mittel	20–28 °C	mittel bis schnell	Mittel- und Hintergrund, Solitärpflanze	150 L	anspruchslos, kräftige Pflanzen bilden leicht Luftblätter	113
mittel	20–26 °C	schnell	Mittelgrund, Solitärpflanze oder als kleine Gruppe	60 L	anspruchslos, früher häufig, heute selten, dekorativ	83
hoch	22–24 °C	sehr langsam bis langsam	Vordergrund, kleine Gruppe	30 L	anspruchsvoll, dekorativ, hohe Lichtbedürfnisse beachten	66
mittel bis hoch	22–28 °C	schnell bis sehr schnell	Vordergrund, Gruppenpflanze	40 L	mittlere Ansprüche, dekorativ, sehr schnelles Wachstum, häufig	25, 67
hoch bis sehr hoch	22–28 °C	schnell	Mittelgrund, Solitärpflanze	80 L	mittlere Ansprüche, nur bei intensivem Licht sehr dekorativ	
mittel bis hoch	22–30 °C	mittel bis schnell	Mittel- und Hintergrund, Solitärpflanze	100 L	mittlere Ansprüche, sehr dekorativ, anpassungsfähig	
mittel bis hoch	22–30 °C	mittel bis schnell	Hintergrund, Solitärpflanze	300 L	mittlere Ansprüche, sehr dekorativ, prächtiger Solitär	34
mittel bis hoch	22–25 °C	mittel	Vorder- bis Mittelgrund, kleine Gruppe	60 L	geringe bis mittlere Ansprüche, beliebt, häufig	65

Pflanzenname	Heimat	submerse Wuchsform und wichtige Merkmale	normale Wuchshöhe	Blattoberseite
Echinodorus tenellus Grasartige Schwertpflanze	Nord-, Mittel- u. Südamerika	Ausläufer bildende Pflanze mit kleiner Blattrosette, Blätter schmal linealisch, zwei Wuchsformen	2–5 cm	dunkelgrün (hellgrün)
Echinodorus uruguayensis Uruguay-Schwertpflanze	südliches Südamerika	Rhizompflanze mit annähernd bandförmigen Blättern in einer Rosette, mehrere Farb- und Wuchsformen	50–70 cm	div. Grüntöne schwarzrot
Egeria densa Argentinische Wasserpest	kosmopolitisch	dicht beblätterte Stängelpflanze, leicht zerbrechlich, die Blätter meist in 4-zähligen Quirlen	40–60 cm	dunkelgrün
Eichhornia azurea Dünnstielige Eichhornie	tropisches Amerika	Stängelpflanze mit bandförmigen, zweizeiligen (palmwedelähnlichen), wechselständigen Blättern	30–50 cm	hellgrün
Eleocharis acicularis Nadelsimse	kosmopolitisch	Ausläufer bildende Pflanze mit einem fadenförmigen Rhizom, Blätter (Halme) fädig, bildet „Rasen"	5–20 cm (selten mehr)	hell- bis mittelgrün
Eusteralis stellata Sternpflanze	Australien, Ostasien	mittelgroße Stängelpflanze mit vielen, annähernd linealischen Blättern im Quirl	20–50 cm	grün, rötlich, rotlila
Glossostigma elatinoides Australisches Zungenblatt	Australien, Neuseeland	zarte und kleinblättrige Stängelpflanze mit kriechend wachsenden Trieben (bei wenig Licht aufrecht)	2–5 cm	hellgrün
Gymnocoronis spilanthoides Falscher Wasserfreund	südliches Südamerika	großwüchsige Stängelpflanze mit ganzrandigen, kreuzgegenständigen Blättern	40–60 cm (und mehr)	hellgrün
Hemianthus micranthemoides Zierliches Perlenkraut	östliches Nordamerika	zierliche Stängelpflanze mit gewöhnlich aufrechten, selten kriechenden Sprossen, Blätter sehr klein, zart	10–35 cm	hellgrün
Heteranthera zosterifolia Seegrasblättriges Trugkölbchen	südliches Südamerika	mittelgroße Stängelpflanze mit zarten, linealischen, wechselständigen Blättern	20–50 cm	hellgrün
Hottonia palustris Wasserfeder	Europa, Nordasien	kleine bis mittelgroße Stängelpflanze mit wechselständigen, kammförmigen Blättern	10–25 cm	hellgrün
Hydrocotyle leucocephala Brasilianischer Wassernabel	Mittel- und Südamerika	Stängelpflanze mit aufrechten oder flutenden Trieben, Blätter wechselständig, nierenförmig	30–50 cm (und mehr)	hellgrün
Hydrocotyle verticillata Amerikanischer Wassernabel	Subtropen von Amerika	Stängel kriechend, zart, mit wechselständigen, schildförmigen Blättern	5–10 cm	grün
Hygrophila corymbosa Riesenwasserfreund	Südostasien	großblättrige Stängelpflanze, Blätter von linealisch bis eiförmig, verschiedene Farb- und Wuchsformen	25–70 cm	grün oder rötlichbraun
Hygrophila difformis Indischer Wasserwedel	Südost-Asien	mittelgroße bis große Stängelpflanze mit gefiederten Blättern, Sorte 'Weiß-Grün' mit Virusinfektion	15–50 cm	hellgrün
Hygrophila polysperma Indischer Wasserfreund	Indien, Bhutan	mittelgroße Stängelpflanze mit kreuzgegenständigen Blättern, Sorte 'Weiß-Grün' mit Virusinfektion	15–50 cm	hellgrün bis bräunlich
Lagarosiphon cordofanus	Afrika	zarte Wasserpflanze, Blätter meist wechselständig, linealisch, 1–3 cm lang, 0,5–1,5 mm breit	15–40 cm (selten mehr)	hellgrün
Lagarosiphon major Krause „Wasserpest"	Afrika, Europa, Neuseeland	mittelgroße Pflanze mit steifem, aufrechtem Stängel, Blätter linealisch, stark nach unten gebogen	20–40 cm	mittel- bis dunkelgrün
Lilaeopsis brasiliensis Brasilianische Graspflanze	südliches Südamerika	grasartige, kleine Pflanze mit kriechendem, dünnem Rhizom, Blätter aufrecht, an der Spitze spatelförmig	3–6 cm	mittelgrün
Lilaeopsis mauritiana Mauritius-Graspflanze	Mauritius	wie bei *Lilaeopsis brasiliensis* angegeben, aber Wasserblätter linealisch, nicht spatelförmig	5–10 cm	mittelgrün
Limnophila aquatica Wasser-Sumpffreund	Südostasien	große Stängelpflanze mit Fiederblättern, diese in 17–22-zähligen Quirlen und mit haarfeinen Segmenten	40–60 cm	hellgrün
Limnophila indica Indischer Sumpffreund	Afrika, Asien, Australien	mittelgroße Stängelpflanze, Fiederblätter in 6–20-zähligen Quirlen und mit haarfeinen Segmenten	40–80 cm	hellgrün, rötlichbraun
Limnophila sessiliflora Blütenstielloser Sumpffreund	Südostasien	mittelgroße Stängelpflanze, Fiederblätter in 9–12-zähligen Quirlen und mit haarfeinen Segmenten	40–70 cm	hellgrün

Lichtbedarf	optimale Temperatur	Wuchs	Verwendung	Aquarien-Mindestgröße	Beurteilung und Bemerkungen	Foto Seite
hoch bis sehr hoch	18–28 °C	mittel bis schnell	Vordergrund, Gruppenpflanze	20 L	mittlere Ansprüche, bildet „Rasen", sehr empfehlenswert	66–68
mittel bis hoch	18–24 °C	mittel bis schnell	Hintergrund, Solitärpflanze	200 L	mittlere Ansprüche, sehr empfehlenswert, dekorativ	54, 90
mittel bis hoch	20–24 °C	schnell bis sehr schnell	als Gruppe eingepflanzt oder schwimmend	80 L	Kaltwasserpflanze, anspruchslos, kalkliebend	
hoch bis sehr hoch	15–24 °C	schnell	Mittelgrund, Solitär oder kleine Gruppe	100 L	anspruchsvoll, besonders dekorativ, relativ selten	2/3, 55
mittel bis hoch	20–25 °C	langsam bis mittel	Vordergrund, große Gruppe	30 L	anspruchslos, am wüchsigsten in nicht zu warmem Wasser	
sehr hoch	22–28 °C	schnell bis sehr schnell	Mittel- und Hintergrund, Gruppenpflanze	100 L	sehr anspruchsvoll, nur bei intensivem Licht dekorativ	7, 51
sehr hoch	22–26 °C	schnell	Vordergrund, große Gruppe	20 L	sehr anspruchsvoll, bildet Rasen, hohe Lichtansprüche beachten	60, 71, 73, 74
hoch bis sehr hoch	15–28 °C	sehr schnell	Mittel- und Hintergrund, Gruppenpflanze	200 L	mittlere Ansprüche, viel Licht, bildet leicht Luftblätter	
hoch	24–26 °C	schnell bis sehr schnell	Vorder- und Mittelgrund, Gruppenpflanze	30 L	anspruchslos, wenn intensiv beleuchtet wird, sehr schön	45, 72
hoch	23–27 °C	schnell	Mittelgrund, Gruppenpflanze	40 L	anpassungsfähig, anspruchslos, wenn gut beleuchtet wird	72, 103
hoch bis sehr hoch	18–25 °C	mittel	Vorder- und Mittelgrund, Gruppenpflanze	60 L	anspruchsvoll, dekorativ, nur bei niedrigen Temperaturen haltbar	39
gering bis mittel	20–28 °C	schnell	Mittelgrund, Seitenwände, schwimmend, als Gruppe	100 L	anspruchslos, widerstandsfähig, gut für Buntbarschaquarien	62, 74
hoch bis sehr hoch	18–23 °C	langsam	Vordergrund, Gruppenpflanze	40 L	anspruchsvoll, nur bei niedrigen Temperaturen haltbar	
mittel bis hoch	24–28 °C	schnell	Mittel- und Hintergrund, Gruppenpflanze	80 L	geringe Ansprüche, dekorativ, sehr empfehlenswert, häufig	37, 70
mittel bis hoch	24–28 °C	schnell	Mittel- und Hintergrund, Seiten, Gruppenpflanze	80 L	anspruchslos, sehr empfehlenswert, beliebt, häufig	37, 66, 72
gering bis mittel	22–28 °C	sehr schnell	Mittelgrund, Gruppenpflanze	40 L	anspruchslos, besonders schön, wenn intensiv beleuchtet wird	68, 106
hoch	25–28 °C	mittel bis schnell	Mittelgrund, Gruppenpflanze	60 L	anspruchsvoll, zerbrechlich, CO_2-Düngung, selten, dekorativ	72, 74
sehr hoch	20–23 °C	mittel	im Mittelgrund eingepflanzt oder schwimmend	80 L	nur bei intensivem Licht und in kühlem Wasser gut haltbar	
mittel bis hoch	22–26 °C	sehr langsam	Vordergrund, Gruppenpflanze	30 L	bei guter Beleuchtung problemlos, bildet „Rasen"	
mittel	23–28 °C	langsam	Vordergrund, Gruppenpflanze	30 L	relativ anspruchslos, dekorativ, anpassungsfähig, bildet „Rasen"	86
hoch bis sehr hoch	22–28 °C	schnell bis sehr schnell	Mittel- und Hintergrund, Gruppenpflanze	120 L	mittlere bis hohe Ansprüche, prächtig bei intensivem Licht	66, 69
hoch bis sehr hoch	25–28 °C	schnell bis sehr schnell	Mittel- und Hintergrund, Gruppenpflanze	80 L	mittlere bis hohe Ansprüche, bei viel Licht schwach rötlich	63
hoch	20–26 °C	schnell bis sehr schnell	Mittel- und Hintergrund, Gruppenpflanze	80 L	mittlere Ansprüche, dekorativ, häufig im Handel	

AQUARIENPFLANZEN IM ÜBERBLICK

Pflanzenname	Heimat	submerse Wuchsform und wichtige Merkmale	normale Wuchshöhe	Blattoberseite
Lobelia cardinalis Kardinalslobelie	Nordamerika	mittelgroße Stängelpflanze mit wechselständigen, ungeteilten Blättern	5–30 cm	hellgrün
Ludwigia palustris x *L. repens* Breitblättrige Bastardludwigie	Mexiko	mittelgroße Stängelpflanze mit kreuzgegenständigen, ungeteilten, elliptischen Blättern; Hybride	40–60 cm	rötlich
Ludwigia repens Kriechende Ludwigie	USA, Mexiko	wie bei *Ludwigia palustris* x *L. repens* angegeben, Blätter aber etwas kleiner, 2 Farbformen	40–60 cm	grün oder rötlich
Ludwigia repens x *L. arcuata* Schmalblättrige Bastardludwigie	keine natürl. Verbreitung	wie bei *Ludwigia palustris* x *L. repens* angegeben, Blätter aber kleiner und schmaler	40–60 cm	olivgrün bis rot
Mayaca fluviatilis Fluss-Mooskraut	Amerika	zarte Sumpfpflanze, Blätter wechselständig, sehr dicht gruppiert, linealisch, bis 8 × 1 mm groß	20–60 cm	hellgrün
Micranthemum umbrosum Rundblättriges Perlenkraut	USA	zierliche Stängelpflanze mit aufrechten (gelegentlich kriechenden) Sprossen, Blätter gegenständig, klein	10–20 cm	hellgrün
Microsorum pteropus Javafarn	tropisches Asien	Farn mit dünnem Rhizom, Blätter ungeteilt oder gelappt; verschiedene Wuchsformen und Sorten	10–30 cm	oliv- bis dunkelgrün
Myriophyllum aquaticum Brasilianisches Tausendblatt	Amerika, Asien, Australien	mittelgroße Stängelpflanze mit 4–6 Blättern im Quirl, Blatt mit 16–40 haarfeinen Fiedersegmenten	40–60 cm (und mehr)	hellgrün
Myriophyllum mattogrossense Mato-Grosso-Tausendblatt	Südamerika	mittelgroße Stängelpflanze mit 3–4 Blättern im Quirl, Blatt mit 14–20 haarfeinen Fiedersegmenten	10–40 cm	hellgrün
Myriophyllum simulans Täuschendes Tausendblatt	östliches Australien	mittelgroße, zarte Stängelpflanze mit 4–5 Blättern im Quirl, Blatt mit 3–13 haarfeinen Fiedersegmenten	20–40 cm	hellgrün
Myriophyllum tuberculatum Rotes Tausendblatt	Indien, Pakistan, Indonesien	mittelgroße Stängelpflanze mit 4–7 Blättern im Quirl, Blatt mit 14–27 haarfeinen Fiedersegmenten	30–60 cm	braunrot
Nesaea pedicellata Gestielte Nesaea	trop. Afrika, Madagaskar	großblättrige Stängelpflanze mit kreuzgegenständigen, ungeteilten und lanzettlichen Blättern	30–50 cm	gelblichgrün bis rötlich
Nymphaea lotus Grüner und Roter Tigerlotus	Afrika, Madagaskar	große Schwimmblattpflanze mit knolligem Rhizom, Blattspreite eiförmig-rund, zwei Farbformen	10–50 cm (und mehr)	hellgrün und rot, dunkelrot gefleckt
Riccia fluitans Teichlebermoos	kosmopolitisch	zarte, schwimmende Moospflanze mit gabelig verzweigten, linealischen Ästen	0,5–3 cm (als Polster)	hellgrün
Rotala macrandra Dichtblättrige Rotala	Südindien	mittelgroße Stängelpflanze, Blätter kreuzgegenständig, den Stängel halb umfassend, ungeteilt, zart	30–60 cm	braunrot
Rotala rotundifolia Rundblättrige Rotala	Südostasien	kleinblättrige, stark verzweigte Stängelpflanze mit gegenständigen Blättern oder in 3–4-zähligen Quirlen	40–70 cm	olivgrün bis braunrot
Rotala wallichii Feinblättrige Rotala	tropisches Südostasien	zartblättrige Stängelpflanze, fadenförmige Blätter in bis zu 15-zähligen Quirlen	20–40 cm	rötlichbraun
Sagittaria subulata Kleines Pfeilkraut	östliche USA, Südamerika	kleine Ausläufer bildende Rosettenpflanze mit linealischen oder bandförmigen Blättern	5–7 cm (selten mehr)	hellgrün
Saururus cernuus Amerik. Eidechsenschwanz	östl. Nordamerika, Italien	Rhizompflanze mit aufrechtem Stängel, Blätter wechselständig, spitz und mit herzförmiger Basis	5–15 cm	mittelgrün
Shinnersia rivularis Mexikanisches Eichenblatt	Mexiko	mittelgroße Stängelpflanze mit kreuzgegenständigen, gebuchteten (eichenähnlichen) Blättern	40–70 cm (und mehr)	hellgrün bis rötlichbraun
Vallisneria americana Riesen-Vallisnerie	Amerika, Asien	Ausläufer bildende Rhizompflanze mit bandförmigen Blättern, mehrere schmal- und breitblättrige Formen	70–150 cm (und mehr)	mittel- bis dunkelgrün
Vallisneria spiralis Schrauben-Vallisnerie	Europa, Südwestasien	wie bei *Vallisneria americana* angegeben, Blätter jedoch gewöhnlich weniger als 10 mm breit	50–100 cm	mittelgrün
Vesicularia dubyana Javamoos	Sundainseln, Philippinen	Moospflanze mit häufig verzweigten Stängeln und büscheligen Wurzelhaaren; Sporenbildung submers	bildet dichte Polster	dunkelgrün

Lichtbedarf	optimale Temperatur	Wuchs	Verwendung	Aquarien-Mindestgröße	Beurteilung und Bemerkungen	Foto Seite
mittel bis hoch	22–26 °C	langsam	Vorder- und Mittelgrund, Gruppenpflanze	40 L	anspruchslos, besonders wirkungsvoll als „Straße"	52, 68–70
mittel bis hoch	23–28 °C	schnell bis sehr schnell	Mittel- und Hintergrund, Gruppenpflanze	80 L	anspruchslos, besonders schön bei intensivem Licht	64, 71
mittel	22–26 °C	schnell	Mittel- und Hintergrund, Gruppenpflanze	80 L	anspruchslos, gutwüchsig, häufig, sehr empfehlenswert	
hoch bis sehr hoch	24–28 °C	schnell bis sehr schnell	Mittel- und Hintergrund, Gruppenpflanze	80 L	bei viel Licht sehr dekorative, rotblättrige Pflanze, gutwüchsig	69, 98
mittel bis hoch	23–25 °C	mittel bis schnell	Mittelgrund, Gruppenpflanze	60 L	anspruchsvoll, weiches Wasser, CO_2-Düngung, selten	28
sehr hoch	22–24 °C	mittel bis schnell	Vorder- und Mittelgrund, Gruppenpflanze	60 L	sehr anspruchsvolle, lichthungrige Pflanze, dekorativ	74, 121
gering	20–28 °C	langsam bis mittel	Seiten-/Rückwände, auf Holz und Steinen	keine Beschränkung	anspruchsloser, beliebter Farn, auf Deko-Material aufbinden	48, 50, 68, 73
hoch bis sehr hoch	15–25 °C	mittel bis schnell	Mittel- und Hintergrund, Gruppenpflanze	100 L	anspruchsvoll, lichtbedürftig, möglichst nicht über 25 °C halten	33, 67, 68
hoch	24–28 °C	mittel bis schnell	Vorder- und Mittelgrund, Gruppenpflanze	40 L	anspruchsvoll, hoher Nährstoffbedarf, blüht unter Wasser	12, 50
hoch bis sehr hoch	20–28 °C	schnell	Mittelgrund, Gruppenpflanze	60 L	mittlere Ansprüche, am schönsten in weichem Wasser	
hoch bis sehr hoch	22–28 °C	mittel	Mittelgrund, Gruppenpflanze	80 L	sehr anspruchsvoll, lichtbedürftig, Weichwasserpflanze	81
hoch bis sehr hoch	22–28 °C	mittel bis schnell	Mittel- und Hintergrund, Gruppenpflanze	150 L	anspruchsvoll, lichtbedürftig, wird nicht so rot wie Ammannia	31, 67
hoch	22–28 °C	schnell	Mittel- und Hintergrund, Solitärpflanze	120 L	problemlos, bei geringem Licht Bildung von Schwimmblättern	67, 68, 72
sehr hoch	20–27 °C	schnell	Schwimmpflanze oder im Vordergrund auf Steinen	keine Beschränkung	schwimmend anspruchslos, als Vordergrundpflanze lichthungrig	8, 9, 67
sehr hoch	24–28 °C	mittel	Mittelgrund, Gruppenpflanze	100 L	anspruchsvoll, Lichtbedürfnis beachten, Weichwasserpflanze	15
mittel bis hoch	24–28 °C	schnell	Mittel- und Hintergrund, Gruppenpflanze	120 L	anspruchslos, intensive Beleuchtung für rötliche Färbung	71, 134
sehr hoch	24–28 °C	mittel	Mittelgrund, Gruppenpflanze	100 L	sehr anspruchsvoll, empfindlich, Weichwasserpflanze	15, 27, 122
mittel bis hoch	18–28 °C	schnell	Vordergrund (selten im Mittelgrund), als Gruppe	30 L	meistens problemlos, bildet „Rasen", häufig und beliebt	26, 79
sehr hoch	20–25 °C	langsam	Vordergrund, Gruppenpflanze	80 L	schwierig, Lichtbedürfnis beachten, dekorativ als „Straße"	73, 93
mittel bis hoch	18–30 °C	sehr schnell	Mittel- und Hintergrund, Gruppenpflanze	100 L	anspruchslos, nur bei intensivem Licht kompakt und dekorativ	27
gering bis mittel	22–26 °C	schnell	Hintergrund, Seitenwände, Gruppenpflanze	300 L	anspruchslos, besonders gut für hohe Aquarien, kalkliebend	133
gering bis mittel	20–28 °C	schnell	Hintergrund, Seitenwände, Gruppenpflanze	100 L	anspruchslos, kalkliebend, anpassungsfähig, beliebt	65, 71, 74
gering	15–30 °C	langsam bis mittel	am schönsten als Polster auf Dekorationsmaterial	keine Beschränkung	anspruchslos, anpassungsfähig, sehr empfehlenswert	53, 60, 85

Service

148 ▸ Glossar
148 ▸ Zum Weiterlesen
149 ▸ Register
155 ▸ Impressum

Glossar

Adventivpflanze: Junger Trieb an Blättern, Wurzeln oder Blütenständen (Adventivspross).
Algenbälle: Die Alge *Cladophora aegagropila* bildet mit einer Vielzahl von Einzelpflanzen dunkelgrüne Bälle, die von Aquarianern als Algenbälle bezeichnet werden (auch Seeball oder Seeknödel).
Algizide: Chemische Präparate zur Bekämpfung von Algen.
bullös: bucklig, blasig.
emers: über dem Wasser lebend.
fiederteilig: Die Einschnitte des Blattes verlaufen bis zur Mitte der Spreitenhälfte.
gefiedert: Ein Fiederblatt besteht aus mehreren getrennten Blättchen.
Herbivore: Tiere, die nur pflanzliche Nahrung zu sich nehmen.
Heterophyllie: Verschiedenblättrigkeit. Viele Sumpfpflanzen bilden unter Wasser anders geformte Blätter als über Wasser.
Hybride: Bastard, Kreuzung.
Knolle: Speicherorgan, das zum Beispiel fast alle Wasserährengewächse (*Aponogeton*-Arten) besitzen.
lanzettlich: Eirunde Blattform, Breite zu Länge wie 1 : 6. Der größte Durchmesser der Spreite befindet sich unterhalb der Blattmitte.
linealisch: Die Blattbreite verhält sich zur Länge wie 1 : 6-8. Der Blattrand verläuft parallel.
Photosynthese: Physiologischer Prozess, bei dem aus anorganischen Stoffen unter Mitwirkung des Blattgrüns und unter Ausnutzung der Sonnenenergie organische Stoffe (Kohlenhydrate) aufgebaut werden.
Rhizom: Wurzelstock.
Säurebindungsvermögen: In der Gewässerkunde (Limnologie) wird die Karbonathärte auch als Säurebindungsvermögen (Säurekapazität, gemessen in mmol/l) angegeben.
submers: unter Wasser lebend.
Thallus: Ein Pflanzenkörper, der nicht in Stängel, Blätter und Wurzeln gegliedert ist (bei Algen, Flechten und einfachen Moosen).
Tochterzwiebeln: Form der vegetativen Vermehrung. An älteren Zwiebelpflanzen (zum Beispiel bei *Crinum*-Arten) entwickeln sich gelegentlich Tochterzwiebeln, die an der Mutterzwiebel entstehen.
vegetative Vermehrung: Fortpflanzung auf ungeschlechtlichem Wege, zum Beispiel durch Seitensprosse, Ableger, Adventivpflanzen.

Zum Weiterlesen

Bücher

Amberger, Anton: Pflanzenernährung. Ulmer, Stuttgart 1988.
Beck, Peter: Aquarienpflanzen Grundkurs. Kosmos, Stuttgart 2000.
Beck, Peter: Aquarium Grundkurs. Kosmos, Stuttgart 1998.
Brünner, Gerhard: Handbuch der Aquarienpflanzen. Franckh, Stuttgart 1984.
Dreyer, Stephan und Rainer Keppler: Das Kosmos-Buch der Aquaristik. Fische, Pflanzen, Wassertechnik. Kosmos, Stuttgart 2003.
Gohr, Lutz: Meerwasseraquaristik. Kosmos, Stuttgart 2000.
Horst, Kaspar und Horst E. Kipper: Die optimale Aquarienkontrolle. Aqua Documenta, Bielefeld 1989.
Kahl, Wally, Burkard Kahl und Dieter Vogt: Kosmos-Atlas Aquarienfische. Kosmos, Stuttgart 2003.
Kasselmann, Christel: Aquarienpflanzen. 1. Auflage 1995. Ulmer, Stuttgart 1999.
Kölle, Petra: Fischkrankheiten. Kosmos, Stuttgart 2001.
Mayland, Hans J. und Dieter Bork: Salmler. Kosmos, Stuttgart 2000.
Mayland, Hans J.: Diskus. Kosmos, Stuttgart 2000.
Pedersen, O., C. Christensen & T. Andersen: Wechselwirkungen zwischen CO_2 und Licht stimulieren das Wachstum aquatischer Pflanzen. Aqua-Planta 25 (4): 148–155; 2000.
Scheffer/Schachtschabel: Lehrbuch der Bodenkunde. Enke, Stuttgart 1998.
Schubert, Gottfried und Dieter Untergasser: Krankheiten der Fische. Kosmos, Stuttgart 1994.
Strasburger, Eduard et al.: Lehr-

buch der Botanik. Gustav Fischer, Stuttgart 1991.
Ullrich, Martin: Buntbarsche. Kosmos, Stuttgart 2000.
Untergasser, Dieter: Krankheiten der Aquarienfische. Diagnose und Behandlung.
Kosmos, Stuttgart 2006.
Veit, Klaus: Mein Aquarium. Kosmos, Stuttgart 2000.
Vierke, Jörg: Labyrinthfische. Kosmos, Stuttgart 2001.
Wilkerling, Klaus: Die Aquarienfibel. Kosmos, Stuttgart 2004.
Wissing, Friedrich: Wasserreinigung mit Pflanzen. Ulmer, Stuttgart 1995.

Zeitschrift

Aqua-Planta, VDA-Arbeitskreis Wasserpflanzen.

Register

Abbau der Schadstoffe 105
Abdeckung 17
Adventivpflanzen 35, 39
Aktivkohle 120
Algen 36, 99, 108
Algen, Ursachen für 111
Algen, Vorbeugung 111
Algenbälle 8, 51, 67, 68, 136, 140
Algenbekämpfung, biologische 114
Algenblüte 116
Algizide 122
Alternanthera reineckii 24, 44, 53, 67, 73, 110, 138
Alternanthera reineckii 'Lilablättrig' 105
Alternanthera reineckii 'Rot' 107
Amano, Takashi 126
Amerikanische Bachburgel 63
Amerikanischer Wassernabel 144
Ammannia 36
Ammannia gracilis 59, 66-68, 70, 73, 79, 84, 135, 138
Ammannia senegalensis 138
Ansäuern 30
Ansprüche 34
Anubias 46, 134
Anubias barteri „coffeefolia" 49
Anubias barteri var. *nana* 47, 67, 68, 73, 75, 112, 138
Aponogeton boivinianus 22
Aponogeton crispus 42, 138
Aponogeton elongatus 42, 80
Aponogeton longiplumulosus 67, 138
Aponogeton madagascariensis 26, 138
Aponogeton rigidifolius 138
Aponogeton ulvaceus 20, 41, 58, 138

Aponogeton undulatus 138
Aquarienabdeckung 17
Aquarieneinrichtung 44
Aquariengröße 139
Argentinische Wasserpest 114, 144
Assimilation 12
Aufbinden 83
Aufgaben 8
Aufwand 98
Ausläufer 91
Australisches Zungenblatt 60, 71, 144
Auswahl 34

Bachburgel 16, 67, 70, 79, 110, 140
Bacopa caroliniana 10, 24, 62, 67, 68, 73, 79, 97, 138
Bacopa monnieri 62, 73, 138
Bakterien 9
Barclaya longifolia 75, 138
Barclaya, Langblättrige 75, 138
Bartalgen 118
Barths Schwertpflanze 140
Bastardludwigie 64, 68
Bastardludwigie, Breitblättrige 71, 144
Bastardludwigie, Schmalblättrige 69, 70, 146
Beckengröße 139
Becketts Wasserkelch 75, 140
Beleuchtung 11
Beleuchtungsdauer 18
Beleuchtungsstärke 17, 137
bepflanzte Wurzeln 50
Bepflanzungsplan 44
Bepflanzungsregeln 97
biogene Entkalkung 26
Biotopaquarium 128
Biotopstudien 137
Blätter, chlorotische 102

Blattoberseite 138
Blaualgen 119
Blehers Schwertpflanze 142
Blütenbildung 101
Blütenstielloser Sumpffreund 144
Blyxa aubertii 29, 138
Blyxa japonica 53
Böden 21
Bodendünger 23, 102
Bodengrund 18
Bodengrundhöhe 23
Bodenheizung 23
Bodenmischungen 23
Bolbitis heudelotii 138
Bolivianische Schwertpflanze 142
Brachsenkraut 54
Brasilianische Graspflanze 144
Brasilianischer Wassernabel 74, 144
Brasilianisches Tausendblatt 136
Braunalgen 117
Braune Schmieralgen 117
Breitblättrige Bastardludwigie 71, 144
Buntbarschaquarien 128
Buntbarsche 49, 112

Cabomba aquatica 138
Cabomba caroliniana 138
Cabomba furcata 25, 76, 138
Cabomba palaeformis 95
Cardamine lyrata 138
Caridina japonica 116
Carolina-Haarnixe 138
Ceratophyllum demersum 74, 114, 138
Ceratopteris cornuta 24, 138
Ceratopteris thalictroides 65, 138
chlorotische Blätter 102
Cichliden 49, 128

Cladophora aegagropila 8, 51, 67, 68, 140
CO_2-Angebot 10
CO_2-Anlagen 32
CO_2-Bereich, optimaler 30
CO_2-Düngung 25, 31, 106
CO_2-Gehalt 31
Cognacpflanze 36, 59, 79, 84, 99, 135
Cognacpflanze, Große 66-68, 70, 73, 138
Cognacpflanze, Kleine 138
Crinum calamistratum 19, 66, 75, 140
Crinum natans 57, 140
Crinum thaianum 140
Cryptocoryne x willisii 81, 140
Cryptocoryne affinis 140
Cryptocoryne aponogetifolia 140
Cryptocoryne beckettii 60, 75, 140
Cryptocoryne cordata 140
Cryptocoryne crispatula var. *balansae* 140
Cryptocoryne hudoroi 140
Cryptocoryne moehlmannii 54
Cryptocoryne parva 140
Cryptocoryne pontederiifolia 79, 140
Cryptocoryne spiralis 140
Cryptocoryne undulata 140
Cryptocoryne usteriana 140
Cryptocoryne walkeri 39, 78, 140
Cryptocoryne wendtii 39, 66, 69, 70, 78
Cyanobakterien 119
Cyperus helferi 93, 140

Daphnien 117
Dauerwellen-Hakenlilie 66, 75, 140
Dekorationsmaterial 48, 83
Diatomeae 117
Dichtblättrige Rotala 146
Didiplis diandra 16, 31, 63, 67, 70, 79, 110
Diskus 133
Düngung 22, 102
Dünnstielige Eichhornie 144

Echinodorus anugstifolius 140
Echinodorus bleheri 99, 142

Echinodorus bolivianus 142
Echinodorus cordifolius 35, 142
Echinodorus cordifolius 'Tropica Marble Queen' 89, 142
Echinodorus 'Dschungelstar' Nr. 3 57, 142
Echinodorus 'Dschungelstar' Nr. 16 142
Echinodorus grisebachii 142
Echinodorus horizontalis 99, 109, 142
Echinodorus 'Indian Red' 142
Echinodorus 'Kleiner Bär' 142
Echinodorus martii 142
Echinodorus osiris 142
Echinodorus 'Ozelot' 63
Echinodorus 'Ozelot Grün' 142
Echinodorus 'Ozelot Rot' 142
Echinodorus palaefolius 142
Echinodorus paniculatus 142
Echinodorus parviflorus 142
Echinodorus parviflorus 'Tropica' 66, 142
Echinodorus quadricostatus 67, 142
Echinodorus 'Rubin' 21
Echinodorus schlueteri 12, 65, 88, 142
Echinodorus tenellus 66-68, 80, 117, 142
Echinodorus uruguayensis „rot" 67
Echinodorus uruguayensis 20, 27, 54, 88, 90, 144
Echinodorus x barthii 140
Egeria densa 114, 144
Egeria najas 114
Eichenblatt, Mexikanisches 146
Eichhornia azurea 55, 144
Eichhornia diversifolia 69, 134
Eichhornie, Dünnstielige 144
Eichhornie, Verschiedenblättrige 69
Eidechsenschwanz 73, 79, 93, 146
Eingewöhnung 36
Einkürzen 87
Einrichtung 44
Einrichtungsbeispiele 66
Eisenmangel 102, 132
Eleocharis 127
Eleocharis acicularis 144

emerse Kultur 40
Entkalkung, biogene 26
Eusteralis stellata 92, 127, 144

Fadenalgen 116
Fadenkraut 29, 53, 138
Falscher Wasserfreund 144
Ferien 106
Fettblatt 10, 99
Fettblatt, Großblättriges 62, 79
Fettblatt, Großes 67, 68, 138
Fettblatt, Karolina- 73
Fettblatt, Kleines 62, 73, 138
Filter reinigen 105
Fische 128
Fische gegen Algen 112
Flussfarn 138
Flüssigdünger 23, 103
Fluss-Mooskraut 28, 146
Flutende Hakenlilie 140
Fotofolie 46
Freilandbeobachtungen 11
Frontscheibe reinigen 105

Garnelen 116
Gärtnereien 35
Gegabelte Haarnixe 25, 138
Gehörnter Hornfarn 138
Gemeines Hornblatt 74, 138
Gestalten 81
Gestielte Nesaea 146
Gewässerreinigung 9
Gewelltblättrige Schwertpflanze 142
Gewellte Wasserähre 138
Gewellter Wasserkelch 140
Gitterpflanze 26, 138
Glossar 148
Glossostigma 92
Glossostigma elatinoides 60, 71, 73, 74, 144
Goldener Schnitt 88, 125
Grasartige Schwertpflanze 66-68, 80, 117, 142
Grasblättriger Wasserkelch 140
Grasblättriges Trugkölbchen 71, 72
Graspflanze, Brasilianische 144
Graspflanze, Mauritius- 144
Grisebachs Schwertpflanze 142
Großblättriges Fettblatt 62, 79

Große Cognacpflanze 66-68, 70, 73, 138
Großes Fettblatt 67, 68, 138
Grünalgen 116
Gymnocoronis spilanthoides 144

Haarnixe, Carolina- 138
Haarnixe, Gegabelte 25, 138
Haarnixe, Mexikanische 95
Haarnixe, Riesen- 138
Haarnixen 11
Habitate 21
Hakenlilie 19, 57
Hakenlilie, Dauerwellen- 66, 75, 138, 140
Hakenlilie, Flutende 140
Hakenlilie, Thailändische 140
Halogen-Metalldampflampen 14
Heimat 138
Helfers Zypergras 140
Hemianthus micranthemoides 45, 59, 72, 99, 144
Herbivore 128
Herzblättrige Schwertpflanze 142
Herzblättriger Wasserkelch 140
Heteranthera zosterifolia 10, 24, 72, 103, 106, 110, 144
Heterophyllie 36
Hintergrund 61, 92
Hochdrucklampen 14
Höhe 138
Holländisches Pflanzenaquarium 52, 124
Holzwurzeln 50
Horizontale Schwertpflanze 142
Hornblatt 114
Hornblatt, Gemeines 74, 138
Hornfarn, Gehörnter 138
Hottonia palustris 39, 78, 144
HQI 14
HQL 14
Hudoros Wasserkelch 140
Hydrocotyle leucocephala 74, 144
Hydrocotyle verticillata 144
Hydrotriche hottoniiflora 92
Hygrophila corymbosa 12, 37, 64, 70, 109, 123, 134, 135, 137, 144
Hygrophila difformis 37, 59, 66, 72, 73, 75, 79, 144
Hygrophila polysperma 12, 68, 106, 111, 136, 144

Indischer Sumpffreund 144
Indischer Wasserwedel 59, 66, 72, 73, 75, 79, 144
Isoetes velata 54

Japanische Naturaquarien 86, 126
Japanisches Schaumkraut 138
Japanisches Tausendblatt 65
Javafarn 46, 48, 50, 68, 73, 81, 83, 89, 136 146
Javamoos 66, 69, 73, 75, 81, 146

Kaliumsulfat 120
Kalkablagerungen 106
Kalkbeläge 26
Karbonathärte 25, 28
Kardinalslobelie 52, 66, 68–70, 73, 80, 123, 144
Karolina-Fettblatt 73
Kationenaustauscher 30
Kauf 78
Kies 22
Kieselalgen 117
Kleefarn, Zwerg- 91
Kleine Cognacpflanze 138
Kleiner Wasserfreund 68, 106, 111, 136
Kleiner Wasserkelch 140
Kleines Fettblatt 62, 73, 138
Kleines Pfeilkraut 67, 68, 100, 146
Kohlendioxid 31
Kohlendioxidbereich, optimaler 30
Kohlenstoff 25
Korngröße 20, 22
Krause „Wasserpest" 144
Krause Wasserähre 138
Kriechende Ludwigie 146
Kultur 35
Kultur, emerse 40
Kultur, submerse 40

Lagarosiphon cordofanus 13, 71, 72, 74, 102, 144
Lagarosiphon madagascariensis 127
Lagarosiphon major 144
Landblätter 36
Landpflanzen 40

Langblättrige Barclaya 75, 138
Lateritböden 21
Lebende Steine 50
Lehmböden 21
Lehmkugeln 23
Leuchtstofflampen 14
Licht 11, 109
Lichtausbeute 13
Lichtbedarf 137, 139
Lichtfarben 14
Lichtintensität 11
Lichtqualität 13
Lichtspektrum 13
Lilaeopsis 86
Lilaeopsis brasiliensis 144
Lilaeopsis mauritiana 144
Limnophila 132
Limnophila aquatica 66, 69, 71, 72, 75, 78, 144
Limnophila aromaticoides 68, 106, 136
Limnophila indica 144
Limnophila sessiliflora 144
Limnophila sp. 31, 67
Lobelia 86
Lobelia cardinalis 52, 66, 68–70, 73, 80, 123, 144
Ludwigia glandulosa 92
Ludwigia palustris x *repens* 64, 71, 144
Ludwigia repens 146
Ludwigia repens x *arcuata* 68–70, 146
Ludwigie, Bastard- 68
Ludwigie, Kriechende 146
Ludwigien 11
Luftblätter 101
Luftpolster 40

Madagassische „Wasserpest" 127
Mangrovenwurzeln 51
Marsilea 91
Mato-Grosso-Tausendblatt 12, 146
Mauritius-Graspflanze 144
Mayaca fluviatilis 28, 92, 146
Meersalatähnliche Wasserähre 138
Merkmale 138
Mexikanische Haarnixe 95
Mexikanisches Eichenblatt 146

Micranthemum umbrosum 10, 71, 74, 121, 123, 146
Microsorum 46
Microsorum pteropus 48, 68, 73, 146
Microsorum pteropus 'Windeløv' 50, 67
Mittelgrund 61, 92
Moorkienholzwurzeln 51
Mooskraut, Fluss- 28, 146
Moospolster 85
Mulm 99
Muschelblume 115
Myriophyllum aquaticum 24, 31, 67, 68, 136, 146
Myriophyllum mattogrossense 12, 146
Myriophyllum pinnatum 71
Myriophyllum simulans 146
Myriophyllum ussuriense 65

Nadelsimse 127, 144
Nährelemente 25
Nährstoffangebot 109
Nährstoffe 18, 102
Nährstoffgehalt 120
Nahrung 9
Naturaquarien, Japanische 126
Neolamprologus caudopunctatus 130
Nesaea pedicellata 31, 67, 146
Nesaea, Gestielte 146
Nuphar japonica var. *rubrotincta* 19
Nutzen 8
Nymphaea daubenyana 39
Nymphaea glandulifera 61
Nymphaea lotus 19, 31, 56, 67, 68, 72, 146
Nymphoides sp. „Flipper" 77
Nymphoides sp. „Taiwan" 77

Osiris' Schwertpflanze 142
Ottelia ulvifolia 55
Oxydator 120

Paludarium 85
Panzerwelse 132
Papageienblatt 44, 53, 67, 73, 93, 107, 110, 138
Perlenkraut 10, 59, 74, 99, 123

Perlenkraut, Rundblättriges 71, 121, 146
Perlenkraut, Zierliches 45, 72, 144
Pfeilkraut 79
Pfeilkraut, Kleines 67, 68, 100, 146
Pflanzenbedarf 78
Pflanzenfresser 128
Pflanzenkauf 78
Pflanzenstrahler 15
Pflanzenstraßen 52, 80, 87, 126
Pflanzpläne 44, 66
Pflanzskizze 45
Pflege 98
Photosynthese 12
pH-Wert 20, 21, 25, 106
Pinselalgen 118
Pistia stratiotes 115
Planung 44
Planungsregeln 64
Plastikpflanzen 8
Polygonum sp. 37
Porenvolumen 20
Potamogeton schweinfurthii 27
Pufferkapazität 29

Quarzkies 22
Quecksilberdampf-Hochdrucklampen 14

Rasen 80
Redoxin 122
Reflektoren 18
Reinigungsarbeiten 105
Riccia fluitans 8, 9, 31, 51, 67, 86, 101, 126, 127, 146
Riesen-Haarnixe 138
Riesen-Vallisnerie 146
Riesenwasserfreund 137, 144
Rispige Schwertpflanze 142
Rosettenpflanzen 101
Rotala macrandra 15, 146
Rotala rotundifolia 12, 69-71, 81, 134, 146
Rotala sp. „Nanjenshan" 13
Rotala wallichii 15, 27, 71, 74, 122
Rotala, Dichtblättrige 146
Rotala, Rundblättrige 69-71, 74, 146
Rotala, Wallichs 71, 74, 146

Rotalgen 118
Rote Teichrose 19
Roter Tigerlotus 136
Rotstängeliges Tausendblatt 71
Rückwand 46
Rundblättrige Rotala 69-71, 74, 146
Rundblättriges Perlenkraut 71, 121, 146

S*agittaria subulata* 67, 68, 79, 100, 146
Salmler 129
Salzgehalt 117
Salzsäure 21
Sand 22
Sandböden 21
Sauerstoff 8
Sauerstoffgehalt 120
Säurebindungsvermögen 28
Saururus cernuus 73, 79, 134, 146
Schadstoffabbau 105
Schattenpflanzen 12
Schaumkraut, Japanisches 138
Schlüters Schwertpflanze 142
Schmalblättrige Bastardludwigie 69, 70, 146
Schmalblättrige Schwertpflanze 140
Schmieralgen, Braune 117
Schnitt, Goldener 88, 125
Schraubenvallisnerie 65, 71, 74, 146
Schwarze Schwertpflanze 142
Schwertpflanze, Barths 140
Schwertpflanze, Blehers 142
Schwertpflanze, Bolivianische 142
Schwertpflanze, Gewelltblättrige 142
Schwertpflanze, Grasartige 66-68, 80, 117, 142
Schwertpflanze, Grisebachs 142
Schwertpflanze, Herzblättrige 142
Schwertpflanze, Horizontale 142
Schwertpflanze, Rispige 142
Schwertpflanze, Schlüters 142
Schwertpflanze, Schmalblättrige 140
Schwertpflanze, Schwarze 142

Schwertpflanze, Uruguay- 144
Schwertpflanze, Zwerg- 67, 142
Seeball 140
Seegrasblättriges Trugkölbchen 72, 103, 144
Seeknödel 140
Seerosen 39
Seitenwände 46
Shinnersia rivularis 146
Sickerwasser 22
Skizze 45
Solitärpflanzen 55, 88
Sonnenpflanzen 12
Speerblatt 46
Speerblatt, Zwerg- 67, 68, 73, 75, 138
Spektralbereich 13, 14
Spiraliger Wasserkelch 140
Stängelpflanzen 101
Steifblättrige Wasserähre 138
Steine 50
Steinwolle 82
Sternpflanze 127, 144
Straßen 87
Stroh 120
Strömung 22, 90
submerse Kultur 40
Sumatrafarn 65, 138
Sumpffreund 106
Sumpffreund, Blütenstielloser 144
Sumpffreund, Indischer 144
Sumpffreund, Wasser- 66, 69, 71, 72, 75, 144
Sumpfgewächse 35
Sumpfpflanzen 11, 18, 38, 82
Süßwassergarnele 116

Tageslichtröhren 15
Täuschendes Tausendblatt 146
Tausendblatt 67, 68, 81, 146
Tausendblatt, Brasilianisches 136
Tausendblatt, Japanisches 65
Tausendblatt, Mato-Grosso 12, 146
Tausendblatt, Rotstängeliges 71
Tausendblatt, Täuschendes 146
technische Einrichtungen 106
Teichlebermoos 8, 9, 51, 67, 86, 126, 127, 146
Teichrose, Rote 19

Temperatur 24, 139
Temperaturminimum 24
Temperaturoptimum 24, 137
Temperaturschwankungen 25
Testset 25
Thailändische Hakenlilie 140
Thailändischer Wasserfreund 64, 67, 70, 135
Tigerlotus 19, 56, 67, 68, 72, 81, 101, 146
Tigerlotus, Roter 136
Tochterzwiebeln 19
Tonböden 21
Torf 23
Trugkölbchen 10, 81, 106, 110
Trugkölbchen, Grasblättriges 71, 72
Trugkölbchen, Seegrasblättriges 72, 103, 144

Überwasserblätter 36
Umkehrosmose-Anlage 29
Unterwasserblätter 36
Urlaub 106
Uruguay-Schwertpflanze 144
Usteris Wasserkelch 140
Utricularia stellaris 38
UV-Strahler 117

Vallisneria americana 146
Vallisneria gigantea 146
Vallisneria nana 68, 99
Vallisneria spiralis 65, 71, 74, 146
Vallisnerie, Riesen- 146
Vallisnerie, Schrauben- 65
Vallisnerie, Zwerg- 68
vegetative Vermehrung 19
Vergilben 102
Vermehrung, vegetative 19
Verschiedenblättrige Eichhornie 69
Verschiedenblättrigkeit 36
Verstecke 50
Verwendung 139
Vesicularia dubyana 66, 69, 73, 75, 146
Vollentsalzung 29
Vorbereitung 76
Vordergrund 58, 91, 99

Wachstumsansprüche 34

Wachstumsfaktoren 10
Walkers Wasserkelch 140
Wallichs Rotala 71, 74
Warmtonlampen 14
Wasser 24
Wasser einfüllen 76
Wasserähre 20, 58, 80
Wasserähre, Gewellte 138
Wasserähre, Krause 138
Wasserähre, Meersalatähnliche 138
Wasserähre, Steifblättrige 138
Wasserfeder 39, 144
Wasserflöhe 117
Wasserfreund 81, 99, 109, 123
Wasserfreund, Falscher 144
Wasserfreund, Kleiner 68, 106, 111, 136
Wasserfreund, Riesen- 137, 144
Wasserfreund, Thailändischer 64, 67, 70, 135
Wasserkelch 81
Wasserkelch, Becketts 75, 140
Wasserkelch, Gewellter 140
Wasserkelch, Grasblättriger 140
Wasserkelch, Herzblättriger 140
Wasserkelch, Hudoros 140
Wasserkelch, Kleiner 140
Wasserkelch, Spiraliger 140
Wasserkelch, Usteris 140
Wasserkelch, Walkers 140
Wasserkelch, Wendts 66, 69, 70, 140
Wasserkelch, Willis 140
Wasserlinsen 115
Wassernabel 99
Wassernabel, Brasilianischer 74, 144
Wasserpest 114
„Wasserpest", Krause 144
„Wasserpest", Madagassische 127
Wasserpflanzen, echte 38, 40
Wasserpflanzengärtnereien 35
Wasserreinigung 9
Wasserschlauch 38
Wasserstoffperoxid 121
Wasserströmung 22
Wasser-Sumpffreund 66, 69, 71, 72, 75, 144
Wassertemperatur 24

Wasserwechsel 105
Wasserwedel, Indischer 59, 66, 72, 73, 75, 79, 144
Wendts Wasserkelch 66, 69, 70, 140
Willis Wasserkelch 140
Wuchs 139
Wuchsform 138

Wuchsgeschwindigkeit 137
Wuchshöhe 138
Wurzeln 50, 126

Zierliches Perlenkraut 45, 72, 144
Zimmerpflanzen 39
Zosterella dubia 71, 72
Zungenblatt 73, 74

Zungenblatt, Australisches 71, 144
Zwergcichliden 129
Zwergkleefarn 91
Zwergschwertpflanze 67, 142
Zwergspeerblatt 67, 68, 73, 75
Zwergvallisnerie 68
Zypergras 93
Zypergras, Helfers 140

Mit 200 Farbfotos von Christel Kasselmann, mit Ausnahme von Seite 6 unten
(Dr. Wolfgang Staeck) und Seite 126/127 (Takashi Amano).

Umschlag von Friedhelm Steinen-Broo, eStudio Calamar unter Verwendung
einer Aufnahme von Christel Kasselmann.

> Alle Angaben in diesem Buch erfolgen nach bestem Wissen und Gewissen.
> Sorgfalt bei der Umsetzung ist indes dennoch geboten. Der Verlag und die
> Autorin übernehmen keinerlei Haftung für Personen-, Sach- oder
> Vermögensschäden, die aus der Anwendung der vorgestellten Materialien und
> Methoden entstehen könnten.

Bibliografische Information der Deutschen Nationalbibliothek
Die Deutsche Nationalbibliothek verzeichnet diese Publikation in der Deutschen
Nationalbibliografie; detaillierte bibliografische Daten sind im Internet über
http://dnb.ddb.de abrufbar.

Unser gesamtes lieferbares Programm und viele
weitere Informationen zu unseren Büchern,
Spielen, Experimentierkästen, DVDs, Autoren und
Aktivitäten finden Sie unter **www.kosmos.de**

Gedruckt auf chlorfrei gebleichtem Papier

2., aktualisierte Auflage 2006
© 2001, 2006, Franckh-Kosmos Verlags-GmbH & Co. KG, Stuttgart
Alle Rechte vorbehalten
ISBN 978-3-440-10124-7
Lektorat: Angela Beck
Grundlayout: Friedhelm Steinen-Broo, eStudio Calamar
Satz und Gestaltung: TypoDesign, Kist
Produktion: Kirsten Raue, Markus Schärtlein
Printed in The Czech Republic / Imprimé en République Tchèque

Faszination Aquaristik

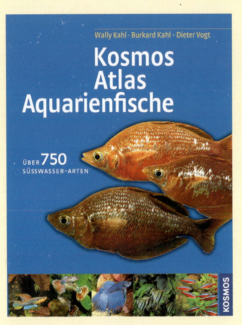

- Die beliebtesten und bekanntesten Süßwasser-Aquarienfische aus aller Welt
- Alles Wissenswerte zu Biologie, Haltung und Pflege
- Ein unentbehrliches Nachschlagewerk mit über 1.000 Farbfotos

Kahl/Vogt
Kosmos-Atlas Aquarienfische
288 Seiten, 1.875 Abbildungen
€/D 19,95; €/A 20,60; sFr 36,90
ISBN 978-3-440-09476-1

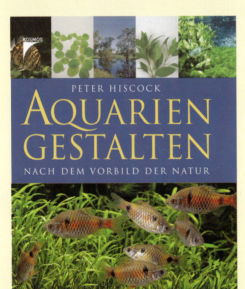

- Attraktive Unterwasser-Landschaften nach dem Vorbild der Natur gestalten
- Detaillierte Anleitungen mit passenden Fisch- und Pflanzenarten
- Mit Extra-Kapiteln zu Planung, Gestaltung und Pflanzenpflege

Peter Hiscock
Aquarien gestalten
208 Seiten, 322 Abbildungen
€/D 19,95; €/A 20,60; sFr 36,90
ISBN 978-3-440-09974-2

www.kosmos.de Preisänderungen vorbehalten